Arthur Thömmes

# ÜberLeben

## 88 Arbeitsblätter für den Religionsunterricht

ab Klasse 7

Deutscher Katecheten-Verein e.V., München 2006

ISBN 3-88207-338-1

| | |
|---|---|
| Auslieferung: | DKV-Buchdienst,<br>Preysingstraße 97, 81667 München<br>Tel. (089) 4 80 92-1245, Fax -1237<br>buchdienst@katecheten-verein.de |
| Lektorat: | Maria Holzapfel - Knoll, Referat Religionsunterricht<br>beim Deutschen Katecheten-Verein |
| Titelgestaltung: | Margret Russer, München |
| Druck: | MDV Maristen Druck + Verlag GmbH, Furth |

# Inhalt

**LEBENS-ENTWÜRFE**
Wer bin ich? Wie geht es dir?

- **A26** - Wie ich bin
- **A27** - Satzfetzen
- **A28** - Stell dir vor, du wärst ...
- **A29** - Intelligenz, Begabung, Talente, Fähigkeiten
- **A30** - Gefühlsbarometer
- **A31** - Das kann ich
- **A32** - Wie geht es dir?
- **A33** - Hinter die Maske schauen
- **A34** - Die Sprache des Körpers
- **A35** - Lach doch, Gott liebt dich
- **A36** - Das Selbstkonzept
- **A37** - Mein Selbstkonzept
- **A38** - Emotionale Intelligenz

**LEBENS-HILFEN**
Woran glaube ich? Gott - wer ist das?

- **A39** - Ich glaube
- **A40** - Kirche - pro und contra
- **A41** - Echte Christen
- **A42** - ... und was hältst du von Gott?
- **A43** - Gott - wer ist das?
- **A44** - Ein Brief an Gott
- **A45** - Gottes Spuren in dieser Welt
- **A46** - Jesus - der tut was
- **A47** - Jesus zu Besuch in deiner Clique
- **A48** - Der gute Hirte
- **A49** - Auf dem Markt der Sinnstifter

**LEBENS-WERTE**
Was ist mir wichtig? Was trägt mich?

- **A50** - Die WG - Kandidaten
- **A51** - Der Klassenvertrag
- **A52** - Ich schenke dir ein gutes Wort
- **A53** - Bildbetrachtung
- **A54** - Wenn ich an den Tod denke, dann ...
- **A55** - Wenn ich nur noch einen Tag zu leben hätte
- **A56** - Werte
- **A57** - Bist du ein guter Mensch?
- **A58** - Hitparade der Werte
- **A59** - Helden des Alltags
- **A60** - Zivilcourage - Nächstenliebe

# Vorwort

Die Neuen Medien sind in aller Munde. Nach wie vor aber ist das Arbeitsblatt das beliebteste Unterrichtsmedium. Es wird neben der Tafel und dem Schulbuch am häufigsten im Unterricht eingesetzt.

Ein Arbeitsblatt enthält Informationen und Arbeitsaufträge, mit denen sich der oder die Lernende auseinander setzen soll. Dabei werden ein Text, ein Bild, eine Karikatur oder ein Zeitungsausschnitt usw. erst dann zu einem Arbeitsblatt, wenn sie mit den entsprechenden Fragen und Erläuterungen versehen sind.

Arbeitsblätter haben im Unterrichtsprozess unterschiedliche Funktionen. Sie können in ein Thema einführen oder es vertiefen oder eine Unterrichtssequenz zusammenfassend zum Abschluss bringen.

Bei den vorliegenden Arbeitsblättern geht nicht in erster Linie um Information, sondern um ein Angebot zur kreativen Auseinandersetzung mit einzelnen Themen. Die Schülerinnen und Schüler sind aufgefordert, selbst tätig zu werden: allein, in Partnerarbeit oder in Kleingruppen. Besonders wichtig sind dabei die eigenständige Informationsbeschaffung und Aufarbeitung. Selbstständigkeit und Eigenverantwortlichkeit haben viel mit dem Fach Religionsunterricht zu tun.

Die vorliegenden Arbeitsblätter orientieren sich inhaltlich vor allem an existenziellen Lebensthemen junger Menschen („**ÜberLeben**"). Die Sammlung versteht sich als Steinbruch und Fundgrube zum Ausprobieren und Experimentieren. Schön wäre es, wenn Lehrerinnen und Lehrer dadurch auch angeregt würden, eigene Arbeitsblätter selbst zu gestalten. Die Vorüberlegungen zu **Herstellung und Einsatz von Arbeitsblättern** sollen dazu einladen.

Die Arbeitsblätter sind nach folgenden **Themenschwerpunkten** geordnet:
- Lebens-Wege (Wo komme ich her? Wo gehe ich hin? Was ist der Sinn?)
- Lebens-Entwürfe (Wer bin ich? Wie geht es dir?)
- Lebens-Hilfen (Woran glaube ich? Gott – wer ist das?)
- Lebens-Werte (Was ist mir wichtig? Was trägt mich?)
- Lebens-Räume (Zukunft – Familie – Beziehungen).

Die z.T. ausführlichen **Hinweise zum Einsatz der Arbeitsblätter** enthalten viele methodisch-didaktische Anregungen und erleichtern so einen schüler-, sach- und inhaltsgerechten Umgang mit den Kopiervorlagen.

Zielgruppe sind Schülerinnen und Schüler **ab Klasse 7**.

Zur Förderung der „Kommunikationskultur" im Religionsunterricht werden den Arbeitsblättern **Gesprächsmethoden** und **Hilfen für ein gutes Gespräch** vorangestellt.

Darüber hinaus können **Stichwortverzeichnis** und **Internet-Tipps** bei der Auswahl der Themen und der passenden Arbeitsblätter hilfreich sein.
Möge allen, die mit „ÜberLeben" arbeiten, ein Religionsunterricht mit vielen intensiven Erfahrungen und Begegnungen gelingen.

*Arthur Thömmes*

# Herstellung und Einsatz von Arbeitsblättern

Was ist ein gutes Arbeitsblatt? Zu dieser Frage gibt es unterschiedliche Auffassungen. Die einen legen mehr Wert auf den Informationsgehalt, anderen ist das Layout entscheidendes Kriterium. Doch das perfekt gemachte Arbeitsblatt gibt es nicht. Im Idealfall kreiere ich daher mein eigenes Arbeitsblatt, das auf meinen Unterricht, mein Thema und meine Schülerinnen und Schüler zugeschnitten ist und immer wieder verändert und aktualisiert werden kann.

Arbeitsblätter können unterschiedliche Funktionen haben.

1. **Informationsblatt:** Materialien und Informationen werden auf dem Arbeitsblatt präsentiert, meist als Ergänzung und Vertiefung zum Schulbuch. Hier spielt vor allem die Aktualität eine wichtige Rolle. Aktuelle Zeitungsberichte finden Sie z.B. im Internet auf Zeitungs- und Nachrichten-Suchmaschinen (www.paperball.de / www.paperazzi.de). Paperball durchsucht über 200 Tageszeitungen nach einem angegebenen Stichwort. Damit sind Sie immer auf dem neuesten Stand der Dinge. Auch die Wochenzeitungen und Zeitschriften (Stern, Focus, Spiegel, u.a.) haben entsprechende Suchfunktionen. Bilder, Tabellen und Diagramme können einen Sachverhalt in strukturierter Form wiedergeben.

2. **Motivation zu kreativem Handeln:** Diese Arbeitsblätter wollen das selbstständige Arbeiten der Schülerinnen und Schüler fördern. Sie liefern einen Impuls, der vor allem zum Weiterdenken und -handeln anregen will. Sie enthalten Handlungsanweisungen (z.B. einen Film drehen, Projektarbeit) zur Weiterarbeit im Unterricht. Neben der Fach- und Methodenkompetenz wird hier besonders die soziale Kompetenz (Team-, Kommunikations- und Kooperationsfähigkeit) gefördert.

3. **Erarbeitungsblatt:** Diese Arbeitsblätter besitzen offen gestaltete Freiräume und laden dazu ein, den Stift in die Hand zu nehmen, anzukreuzen, zu schreiben oder auszumalen (z.B. Lückentexte, Mandala, Umfrage, Ergänzungsaufgaben, Tabellen, Mehrfachantworten, Rätsel, Lernerfolgskontrolle). Dabei sind Arbeitsblätter mit Freiantwortaufgaben häufig zu finden. Eine gezielte Frage soll bei den Schülerinnen und Schülern einen Denkprozess bewirken, dessen Ergebnis sie auf dem Blatt festhalten können. Mehrfachantwortblätter (Multiple-Choice-Aufgaben), bei denen aus mehreren vorgegebenen Antworten die zutreffenden angekreuzt werden sollen, sind sehr beliebt. Hierbei wird vor allem die produktive und individuelle Auseinandersetzung mit gezielten Aufgabenstellungen gefördert. Die Schülerinnen und Schüler werden dazu angeregt, selber nachzudenken, weitergehende Schritte zu versuchen und zu einem entsprechenden Ergebnis zu kommen. Besonders die Stillen, die sonst im Unterricht weniger auffallen, haben hier die Möglichkeit, ihr Wissen und Können zu beweisen.

4. **Ergebnisblatt:** Im Unterricht erarbeitete Ergebnisse können zusammengefasst und strukturiert präsentiert werden. Häufig ersetzen sie so das An- und Mitschreiben und haben daher eine entlastende Funktion.
5. **Lernzielkontrolle:** Auch das gehört zum Unterricht: die Kontrolle und Bewertung von Leistungen und Lernzielen. Gut gestaltete Arbeitsblätter können bei dieser für Schülerinnen und Schüler eher unliebsamen Überprüfung motivierend wirken.

Das Verstehen eines Sachverhaltes wird durch ein gut aufgearbeitetes Arbeitsblatt erleichtert, besonders dann, wenn es in Kombination mit anderen Medien (Tafel, Film, Computer, Musik, Overheadprojektor) zum Einsatz kommt.

Arbeitsblätter haben eine entlastende Funktion für Lehrerinnen und Lehrer. In der Zeit der Beschäftigung damit muss nicht geredet werden. Es entsteht durch die notwendige Stillarbeit eine Ruhe im Klassenraum.

Andererseits sind sie auch die sichtbare Seite der Unterrichtsvorbereitung - vor allem dann, wenn sie von der Lehrperson selbst zusammengestellt wurden.

Aber Vorsicht: Setzen Sie die Arbeitsblätter sparsam ein („Arbeitsblattpädagogik"). Es besteht sonst die Gefahr der bloßen Schülerbeschäftigung, bei der sich die Lehrperson zurückziehen kann. („Die Schüler arbeiten, der Lehrer ruht sich aus!").

Durch den Austausch von Arbeitsblättern im Kollegium wird mit Sicherheit das Arbeitsklima und die Vielfalt der Materialien gefördert.

Und noch ein Tipp: Lochen Sie die Arbeitsblätter, damit sie als Unterrichtsmaterial abgeheftet werden können.

Gute, ansprechende, lehrreiche und auch leicht überschaubare Arbeitsblätter können die Aufmerksamkeit der Schülerinnen und Schüler auf sich ziehen und diese motivieren. Mit ein wenig Fantasie und entsprechenden technischen Vorraussetzungen lassen sie sich schnell gestalten. Dabei sind inhaltliche und vor allem formale Kriterien zu beachten.

1. **Übersichtlichkeit:** Ein Arbeitsblatt sollte eine übersichtliche und klare Struktur haben und den Betrachter nicht verwirren. Daher ist es manchmal sinnvoll, vor der Realisierung am Computer einen Entwurf auf einem Blatt zu skizzieren.

2. **Layout:** Die traditionelle Methode mit Schreibmaschine, Schere und Kleber ist nicht mehr zeitgemäß. Für die optische Gestaltung eines Arbeitsblattes bieten sich heutzutage vielfältige Möglichkeiten durch den Computer. Zur Grundausstattung gehört ein Textverarbeitungsprogramm (meistens Word), das alle Voraussetzungen erfüllt. Auch für die kreative Bildbearbeitung gibt es eine Menge Programme, die entweder standardgemäß auf dem Rechner installiert sind oder sich als Shareware oder Freeware zur kostenlosen Nutzung herunterladen lassen. In einer Wissens- und Informationsgesellschaft wird das Design immer wichtiger. Häufig ist der erste optische Eindruck für die Motivation entscheidend. Das gilt besonders für junge Menschen. Es sollte auf ein gutes Verhältnis von Wort und Bild geachtet werden.

3. **Klare Zuordnung:** Die Herkunft eines Textes sollte deutlich zu erkennen sein. Dazu können Kopf- und Fußzeilen genutzt werden, in die man etwa ein Logo oder ein anderes Erkennungszeichen des Autors einfügen kann.

4. **Zeichenformate:** Die Textverarbeitungsprogramme bieten eine Vielzahl an Schriftarten. Dabei gilt: weniger ist mehr. Auch das Hervorheben (fett, kursiv, unterstrichen) und die Schriftgröße bieten unterschiedliche Gestaltungsmöglichkeiten.

5. **Absatzformate:** Beim Grundlayout kann ich mich entscheiden, wie die Seitenränder sein sollen und ob das Dokument Hoch- oder Querformat haben soll. Ich kann das Arbeitsblatt mit Hilfe von Spalten übersichtlich gestalten. Dabei ist ein mehrspaltiges Layout besonders leserfreundlich. Hier kann die Tabellenfunktion hilfreich sein, wobei besonders die Rahmenfunktion (Schattierung, Linienstärke) eine Seite optisch aufwerten kann. Ein Textfeld lässt sich auf beliebiger Stelle platzieren. Auch Bilder lassen sich so einfügen. Cliparts sind Bestandteil des Textverarbeitungsprogrammes (Clipartgallery). Umfangreiche Bildsammlungen sind im Internet (z.B. Google-Bildsuchmaschine) oder auf CD-ROMs zu finden. Mit Hilfe eines Bildbearbeitungsprogrammes lassen sich Bilder bearbeiten (Größe, Helligkeit, Farben, Kontrast, Schärfe).

6. **Arbeitsauftrag:** Manche Arbeitsblätter provozieren ein Weiterdenken, ein Gespräch oder eine Aktion. Andere brauchen eine eindeutige Arbeitsanweisung. Diese sollte kurz und verständlich formuliert sein. Dabei sollte auch ersichtlich sein, ob die Arbeit in Einzel- oder Teamarbeit erfolgen soll.

7. **Richtigkeit:** Es ist darauf zu achten, dass die Informationen auf dem Arbeitsblatt sachlich richtig sind. Vor allem Informationen aus dem Internet sind mit Vorsicht zu genießen.

# ÜberLeben

## Jugendliche auf der Suche nach Sinn

Wenn ich an meine eigene Jugendzeit zurückdenke, dann fühle ich heute noch die Spannung, unter der ich damals oft stand. Warum lebe ich überhaupt? Was soll das alles? Wie finde ich meinen eigenen Weg? Wie sieht meine Zukunft aus? Was kann ich tun, um glücklich zu werden? Mich beschäftigten viele Fragen, die ich intensiv durchlebte. Auch Antworten gab es viele, oder besser gesagt: Antwortversuche. Manche konnte ich akzeptieren, die meisten aber verwarf ich als unsinniges Gerede der Erwachsenen.

Ich erlebe in meiner Arbeit mit Jugendlichen in der Schule und bei meinen eigenen Kindern, dass es ihnen nicht viel anders ergeht wie mir vor etwa 30 Jahren. Die Fragen, Sorgen und Wünsche sind die gleichen - nur unter anderen Vorzeichen. Ich erlebe mich heute in der Rolle dessen, der angefragt wird.

Ich erinnere mich an ein Unterrichtsprojekt, das ich mit einer Klasse durchführte. Die Jugendlichen entwickelten ein sogenanntes Forumtheater. Es gab eine fertige Geschichte, die dem Publikum einmal vorgespielt wurde. Beim nochmaligen Aufführen konnten die Zuschauer die Handlung des Stückes selbst beeinflussen, indem sie einfach eine vorgegebene Rolle übernahmen und diese so weiterspielten, wie sie es für richtig hielten. Am Schluss kam eine total neue Version heraus.

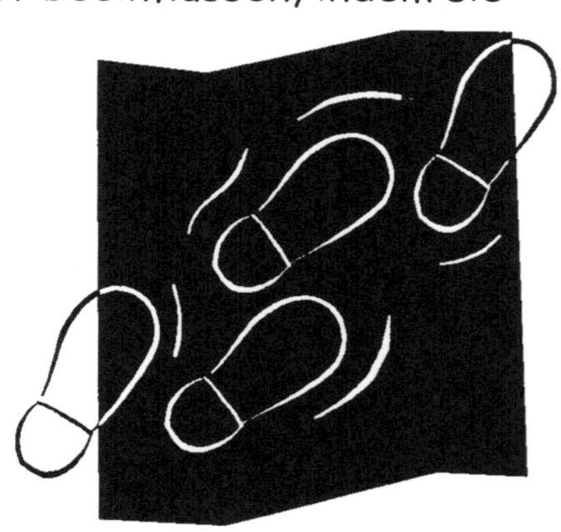

Ich denke, das sollten wir Jugendlichen auch in ihrem Leben zutrauen: ihr Leben selbst in die Hand nehmen und zu gestalten. Nur so lernen sie, ihr eigenes Stück zu schreiben. Auch wenn die Zuschauer - in diesem Fall sind dies Eltern, Lehrpersonen, Freunde - über den Verlauf der Aufführung gelegentlich erschrecken. Doch auch sie haben die Möglichkeit, in die Handlung einzugreifen. Hier sehe ich mich in der wichtigen Rolle als Lebens- und Lernbegleiter, der wohlwollend zuschaut und bei Bedarf eingreifen kann. Nicht dirigistisch, sondern wohlwollend.

Besonders der Religionsunterricht hat hier eine nicht zu unterschätzende Bedeutung. Begleiten, beraten, ermuntern, zutrauen, auffangen, reden, zuhören, Nähe, Distanz: das alles hat etwas mit Lebenswissen zu tun, das wir unseren Schülerinnen und Schülern mitgeben können. Religionsunterricht ist für mich das Angebot der Lebenshilfe an junge Menschen! Es geht um Lebenswissen, um Wege zu einem geglückten und gelingenden Leben. Es ist eine Spurensuche, auf die ich mich zusammen mit den Jugendlichen begebe, eine Suche nach Fragen und Antworten. Das ist eine sehr spannende Sache.

Eine Schule, die auf das Leben vorbereiten will, kann nicht nur ein „Lernen auf Vorrat" vermitteln. Es müssen vor allem Lernmethoden sowie soziale und individuelle Kompetenzen gefördert werden.

Jugendliche werden heute groß in einer multimedialen Welt. Talkshows, Daily Soaps, Videos, Playstation, Computerspiele, Internet und populäre Musik bestimmen den Alltag und haben einen nicht zu unterschätzenden Einfluss auf ihr Leben. Auch dabei werden Inhalte und Lebenseinstellungen transportiert. Events sind gefragt und das Mitschwimmen im Mainstream (Musik, Kleidung, Aussehen) ist unablässig, um Anerkennung zu erfahren und mitreden zu können. In einer unübersichtlich und hektischen Welt bleibt wenig Zeit zum Innehalten und Nachdenken über grundlegende Fragen des Lebens.

Man hat uns Theologen eine schwere Aufgabe mit auf den Weg gegeben. In unserer religionspädagogischen Praxis gilt es, tagtäglich die Inhalte unseres Glaubens so zu vermitteln, dass die Kinder und Jugendlichen sie verstehen.

Ausgangspunkt und Hilfe dabei ist für mich die Art und Weise, wie Jesus seine Botschaft den Menschen verständlich gemacht hat. Ein Blick in die Bibel als „Methodenbuch christlicher Verkündigung" bringt mich weiter. Jesus hat sich nicht auf die Kanzel gestellt und doziert. Er ist mitten unter die Menschen gegangen, er hat gesehen und gehört, wie sie leben, was sie denken und fühlen. Und genau hier hat er angesetzt, die Grunderfahrungen der Menschen mit seiner guten Nachricht zu verknüpfen. Er ist den Menschen in den Grundsituationen ihres Lebens begegnet. Er hat sie angesprochen, ihnen Geschichten erzählt, sie getröstet und ihnen Mut gemacht. Das können wir als Religionspädagoginnen und -pädagogen von ihm lernen.

Junge Menschen sind oft auf sich selbst zurückgeworfen. Sie machen die unterschiedlichsten Erfahrungen mit Menschen, mit Institutionen und nicht zuletzt mit sich selbst. Diese Erfahrungen müssen verarbeitet werden.

Dazu kann der Religionsunterricht Raum und Zeit bieten. Ich mache oft die Erfahrung - auf Jesus blickend -, dass besonders bei existenziellen Themen das offene und vorurteilsfreie Gespräch die wichtigste Methode ist.

Viele der hier vorliegenden Arbeitsblätter gehen unter die Haut, stellen unangenehme, manchmal sehr persönliche Fragen. Manche Kolleginnen und Kollegen fühlen sich dabei überfordert: „Die Klasse ist doch keine Selbsterfahrungsgruppe und die Lehrperson kein/e Therapeut/in" - werden sie sagen. Das ist richtig. Es gilt, sehr sensibel miteinander umzugehen und diese Unterrichtsstunden gut vor- und nachzubereiten. Dabei muss ich meine Rolle immer wieder neu überprüfen.

In einer neuen Klasse am Beginn eines Schuljahres arbeite ich zunächst daran, eine vertrauensvolle Atmosphäre zu schaffen. Die Schülerinnen und Schüler sollen das Gefühl erhalten, dass ich mich für sie und ihr Leben interessiere. Manchmal dauert es Monate, bis die gemeinsame Wellenlänge gefunden ist. Doch wenn dieser Punkt erreicht ist, ist der Druck genommen und es herrscht Offenheit und Neugier („Über was reden wir denn heute?"). Dazu gehört auch, dass aktuelle Störungen und Befindlichkeiten immer Vorrang haben.

Ich empfinde es als eine dankbare Aufgabe, junge Menschen in einer wichtigen Phase ihres Lebens begleiten zu dürfen und ihnen Zeit und Raum zu bieten bei ihrer Sinnsuche.

# Miteinander reden

Der Mensch ist ein dialogisches Wesen. Durch Sprache tritt er in Beziehung zu seinen Mitmenschen, indem er das Gedachte in Worte fasst. So wird Sprache zum Gespräch.

Nach wie vor ist das lehrerzentrierte Unterrichtsgespräch die vorherrschende Unterrichtsform. Durch gezielte Fragen leitet die Lehrperson die Schülerinnen und Schüler zum Mitdenken und zur Kommunikation an.

Die in dieser Arbeitshilfe vorgestellten Arbeitsblätter regen zu kreativem Denken und Tun an. Selbstständig sollen die Schülerinnen und Schüler ein Thema erarbeiten und sich damit auseinander setzen. Viele unterschiedliche methodische Anregungen (Spiele, Projekte, Malen, Singen) können im Unterricht umgesetzt werden. Doch das Unterrichtsgespräch ist die übergreifende Methode. Damit dies gut gelingen kann, ist es wichtig, den Schülerinnen und Schülern eine kommunikative Kompetenz zu vermitteln, die schrittweise eingeübt werden kann. Es handelt sich dabei um eine langfristige Maßnahme.

Die Begriffe „Unterricht" und „Gespräch" machen eines deutlich. Es handelt sich um ein Gespräch im Unterricht, das nicht in privater und geselliger Runde stattfindet. Unterrichtsgespräche sind nicht zweckfrei. Sie sind von der Lehrperson geplant und die Schülerinnen und Schüler sollen etwas lernen.

Das kann im Rahmen des Religionsunterrichts problematisch werden, wenn es nicht um Sachthemen, sondern um die eigenen Gefühle, Erfahrungen und Wertvorstellungen geht. Es verlangt ein Umdenken vom fragend-entwickelnden Gespräch hin zum offenen, partnerschaftlich strukturierten und schülerorientierten Unterricht. Es setzt eine gewisse Gesprächsfähigkeit und Grundhaltungen wie Offenheit, Neugierde, Toleranz und gegenseitige Wertschätzung voraus.

Die Schülerinnen und Schüler lernen, sich auszudrücken und einen Sachverhalt von verschiedenen Seiten zu beleuchten. Sie üben, in verschiedenen Gesprächsformen sach- und partnerbezogen miteinander zu sprechen. In der Gesprächserziehung werden die Selbst- und Mitbestimmung, Kritik- und Urteilsfähigkeit und das Finden produktiver Lösungsansätze geschult. Die Schülerinnen und Schüler lernen sachangemessen und partnerbezogen miteinander zu sprechen. Aus lernpsychologischer Sicht fördert dabei besonders das Zuhören und die gedankliche Auseinandersetzung die Entwicklung von Denkprozessen. Das heißt für die Lehrperson, dass sie sich weniger als Gesprächsleiter/in denn als Moderator/in versteht, der/die die Teilnehmer/innen zu einem produktiven Gesprächsverhalten anleitet.

Viele Klassen sind heterogene Zweckgemeinschaften. Es herrschen Konkurrenz und Rivalität, Sympathie und Neid, Nähe und Distanz. Es gibt Vielredner und Dauerschweiger, Nachdenkliche und Clowns. Meist wird nicht miteinander, sondern zur Lehrperson hin geredet. Die frontale Sitzordnung fördert diese Haltung. Häufig werden andere beschimpft und in ihrer Meinungsäußerung herabgesetzt. Das eigene Rederecht wird erstritten, indem man sich gegenseitig ins Wort fällt. Ein wichtiges Lernziel einer guten Gesprächskultur lautet daher: Wir reden miteinander und nicht gegeneinander.

Auf den folgenden Seiten werden einige Gesprächsformen und Vorschläge für Gesprächshilfen vorgestellt, die als Anregung und Einführung in das Unterrichtsgespräch dienen können.

# Gesprächsformen

Es bieten sich unterschiedliche Formen des Gespräches an, um sich mit einem Thema auseinander zu setzen. Ein Methodenwechsel lockert den Unterricht auf und fördert die Kommunikationskompetenz der Schülerinnen und Schüler.

| | |
|---|---|
| LEHRGESPRÄCH (Gelenktes Unterrichtsgespräch) | Die Lehrkraft leitet die Schülerinnen und Schüler durch gezielte Fragen und Impulse zum Mitdenken und zum Gespräch an. Es handelt sich um ein gelenktes Unterrichtsgespräch, das lehrerzentriert ist. Die Lehrperson hat den Gesprächsverlauf geplant. Es soll ein Lernziel erreicht werden. Sinnvoll wäre es auch hierbei, dass es über das reine Frage-Antwort-Schema zu einer Interaktion zwischen den Schülerinnen und Schüler kommen könnte. |
| SCHÜLERGESPRÄCH (freies Unterrichtsgespräch) | Zu einem selbstgewählten Thema unterhalten sich die Schülerinnen und Schüler und tauschen in eigener Regie ihre Meinungen im Paar- oder Gruppengespräch aus. Die Lehrperson regt zum Gespräch an, ist aber sonst eher zurückhaltend und steht für Fragen bereit. |
| DISKUSSION | Es werden verschiedene, meist kontroverse Positionen und Einstellungen ausgetauscht. Es ist eine Art Streitgespräch, bei dem Argumente und Überzeugungskraft entscheidend sind. Zur Vorbereitung sollten die Schülerinnen und Schüler Zeit haben, um sich ihre Meinung zu bilden und Argumente zu sammeln. Der/die Gesprächsleiter/in moderiert die Diskussion und achtet darauf, dass die Teilnehmer/innen sachlich bleiben und Gesprächsregeln einhalten. Am Schluss fasst er/sie die Ergebnisse zusammen. |
| PODIUMSGESPRÄCH | Es dient der Klärung eines Sachverhaltes und der Meinungsbildung. Das Podium wird aus etwa 5 Personen gebildet, die unterschiedliche Positionen vertreten. Ein/e Gesprächsleiter/in stellt die Podiumsteilnehmer/innen vor und führt durch das Gespräch. In einer Art Rollenspiel können die Schülerinnen und Schüler verschiedene Positionen vertreten. Dabei muss es nicht immer die eigene Meinung sein. Auch das Publikum kann in verschiedene Interessengruppen aufgeteilt werden. |
| STREITGESPRÄCH | Ein umstrittener Sachverhalt wird geklärt. Die unterschiedlichen Positionen treffen mit Pro- und Contra-Argumenten aufeinander. Die Gesprächspartner werden zu Gegnern. Es gibt keine gemeinsame Zielsetzung, da der offene „Schlagaustausch" im Mittelpunkt steht. |
| RUNDGESPRÄCH | In eher offener und lockerer Form werden Erfahrungen und Gedanken ausgetauscht. Die Teilnehmer/innen sitzen |

im Kreis. Das Gespräch geht von einem zum Nächsten. Wenn die letzte Person gesprochen hat, ist das Gespräch beendet. Der Vorteil: die Vielredner werden gebremst und die Zurückhaltenden können sich auf ihren Redebeitrag in Ruhe vorbereiten.

| | |
|---|---|
| PLANUNGS-GESPRÄCH | Planungsgespräche sind in einer Klasse oft notwendig. Welche Themen wollen wir besprechen? Wohin geht usere Klassen- oder Bildungsfahrt? Wie sollten wir in Zukunft miteinander umgehen? Wie gehen wir bei der Durchführung eines Projektes vor? Dabei können Methoden wie Brainstorming (Sammlung von spontanen Ideen) oder Mindmap hilfreich sein. |
| AUSWERTENDES GESPRÄCH | Diese Gesprächsform dient dazu, ein Resümee zu ziehen und einen gemeinsamen Prozess (Schuljahresende, Unterrichtsstunde) zusammenzufassen. Sehr hilfreich dabei ist der Einsatz eines Fragebogens, der gemeinsam ausgewertet wird. |
| PLAUDEREI | Auch solche offenen und ungezwungenen Gespräche können ein Bestandteil von Unterricht sein. Dabei geht es besonders um die Förderung der Klassengemeinschaft und die Entwicklung eines guten sozialen Klimas. Besonders geeignet sind Plaudereien am Beginn und Ende eines Schuljahres. Ein gemeinsames Essen (Picknick, Frühstück) ist dabei förderlich. |
| SCHREIBGESPRÄCH | 4-5 Personen versammeln sich um ein großes Blatt Papier, auf dem eine Frage, eine These oder ein Wort steht. Das Gespräch wird schriftlich auf dem Blatt geführt. Dabei machen Querverweise, Pfeile, Fragezeichen, Zeichnungen und andere Symbole das Gespräch interessant und vielseitig. |
| EXPERTENGESPRÄCH | Die Schülerinnen und Schüler befragen einen Experten bzw. eine Expertin. Aus dem Fragen wird nach und nach ein Gespräch, wobei Einsichten in die Lebenswirklichkeit anderer vermittelt werden. |
| METAGESPRÄCH | Das Gespräch über das Gespräch ist wichtig, um die Kommunikationskompetenz regelmäßig zu überprüfen. Wie reden wir miteinander? Was haben wir gelernt? Worauf sollten wir in zukünftigen Gesprächen achten? |

Als SOZIALFORMEN bieten sich verschiedene Möglichkeiten an:

- PARTNERGESPRÄCH
- KLEINGRUPPENGESPRÄCH
- KLASSENGESPRÄCH

Weiterführende Literatur:


- Friedemann Schulz von Thun: Miteinander reden. Bd. 1-3, Rowohlt Taschenbuch Verlag, Hamburg
- Heinz Klippert: Kommunikationstraining. Beltz Verlag, Weinheim/Basel 1995
- H. Fiebig / F. Winterberg: Wir werden eine Klassengemeinschaft. Soziales Lernen in der Orientierungsstufe. Verlag an der Ruhr, Mülheim an der Ruhr 1998
- Reinhold Miller: „Halt´s Maul, du dumme Sau!" Von der Beschimpfung zum fairen Gespräch. AOL Verlag, Lichtenau 1999
- Paul Watzlawick: Menschliche Kommunikation. Formen, Störungen, Paradoxien. H. Huber, Göttingen 2000
- Potthoff, Ulrike / Angelika Steck-Lüschow / Elke Zitzke: Gespräche mit Kindern: Gesprächssituationen, Methoden, Übungen, Kniffe, Ideen. Frankfurt 1995
- Franz W. Niehl / Arthur Thömmes: 212 Methoden für den Religionsunterricht. Kösel-Verlag, München 4. Aufl. 2000

# Hilfen für ein gutes Gespräch

Wir entwickeln gemeinsam Gesprächshilfen, die regelmäßig überprüft und weiterentwickelt werden. Die folgenden Vorschläge können als Grundlage dienen.

- Wir schaffen eine offene und freundliche Gesprächsatmosphäre (Gesprächskreis, Hufeisenform). Jeder sollte jeden sehen können.
- Wir nehmen uns genügend Zeit.
- Wir hören einander zu.
- Wir lassen einander ausreden.
- Wir sprechen laut und deutlich.
- Wir sprechen miteinander.
- Wir achten auf Störungen.
- Wir bearbeiten gemeinsam anstehende Konflikte.
- Wir denken zuerst, ehe wir reden.
- Wir geben ein Zeichen, wenn wir etwas sagen wollen.
- Wir schaffen eine vertrauensvolle Atmosphäre (Wie könnte das gelingen?).
- Wir hören genau hin, was der andere sagt und versuchen ihn zu verstehen (aktives Zuhören).
- Wir gehen nach Möglichkeit auf Gesprächsbeiträge der Vorredner ein oder reagieren darauf.
- Wir sagen „ich" und weniger „wir" und „man", wenn es um uns selbst geht. Du-Botschaften sind meist aggressiv.
- Wir vermeiden Verallgemeinerungen und pauschale Vorurteile.
- Wir achten auf die körpersprachlichen Signale (Gestik, Mimik, Haltung, Blickkontakt).
- Wir versuchen weniger Vermutungen, sondern eher Gefühle und Empfindungen auszusprechen.
- Wir bleiben beim Thema und vermeiden es, alte Probleme aufzuwärmen.
- Wir fragen nach, wenn wir etwas nicht verstanden haben.
- Wir loben gutes Gesprächsverhalten.
- Wir versuchen möglichst viele aktiv in das Gespräch mit einzubeziehen und Nicht- oder Wenigsprecher zum Sprechen zu ermutigen.
- Wir begründen unsere eigene Meinung.
- Wir stellen niemand bloß.
- Wir verbinden Kritik mit Verbesserungsvorschlägen.
- Wir respektieren uns gegenseitig und beleidigen niemand.
- Wir entwickeln neue Gesichtspunkte und Lösungen.
- Wir vermeiden lange Monologe, die langweilen könnten.

**Wir versuchen, die von uns aufgestellten Gesprächshilfen einzuhalten.**

A1

Thema:

A

B

C

D

E

F

G

H

I

J

K

L

M

N

O

P

Q

R

S

T

U

V

W

X

Y

Z

# "TATORT LEBEN"

Wählt euch zunächst eine **Projektmethode** aus (Collage, Theater, HipHop, Kurzgeschichte, Pantomime, Tanz, Bildgeschichte, populäres Lied neu texten, Videofilm, Power Point Präsentation, ...). Das Thema **"Tatort Leben"** ist für alle Gruppen gleich. In der Projektarbeit solltet ihr schrittweise vorgehen. Grenzt das Thema zunächst genauer ein. Sucht nach Informationen in Büchern oder im Internet. Legt die Schritte fest, die ihr bis zur Präsentation gehen müsst und teilt die Aufgaben in der Gruppe auf.

Für die Planung und Durchführung habt ihr die nächsten ...... Wochen Zeit. Dabei arbeiten die Gruppen selbstständig und eigenverantwortlich. Der Lehrer/die Lehrerin steht als Berater/in zur Verfügung. Jede Gruppe wählt eine/n Projektleiter/in, der/die bei Fragen und Problemen mit dem/der Lehrer/Lehrerin Kontakt aufnimmt. Jeder Gruppe steht ein **Projektraum** zur Verfügung.

Die **Präsentation** ist am ..........................................

Die Projektarbeit wird benotet. Dabei spielen folgende Kriterien eine Rolle:

1. **Soziale Kompetenz** (Wie wurde in der Gruppe miteinander gearbeitet? Wie haben die einzelnen Mitglieder sich eingebracht?)
2. **Fachkompetenz** (Wie hat die Gruppe das Thema inhaltlich aufgearbeitet? Was transportieren sie bei der Präsentation?)
3. **Methodenkompetenz** (Wie präsentiert die Projektgruppe ihre Arbeit?)

Viel Spaß bei der kreativen Arbeit!

A3

# Der Sinn des Lebens besteht darin ...

... sorgenfrei und mit viel Spaß in jeden Tag zu gehen
... eine Familie zu gründen und glücklich zu werden
... Erfahrungen zu sammeln und daraus zu lernen. Zu den Mitmenschen ehrlich und hilfsbereit zu sein und sich selbst nie aufzugeben
... sich mit den Problemen des Lebens auseinanderzusetzen, sie zu lösen und durch Erfahrung Fehler zu vermeiden
... das Leben so sinnvoll und schön wie möglich zu gestalten
... den Sinn des Lebens nicht zu verstehen
... zu lieben und geliebt zu werden
... viel Spaß zusammen mit meinen Freunden zu haben und nicht an die Schattenseiten zu denken
... zu leben, um zu sterben. Wir sind nur eine Laune der Natur. Aber mal ehrlich: ohne uns wäre es auch langweilig.
... so schnell wie möglich erwachsen zu werden und sich dann mit allen möglichen Dingen herumzuschlagen und zu ärgern. Eigentlich ist alles sinnlos
... einmal eine Familie zu gründen, in der ich glücklich und zufrieden leben kann
... die Welt kennen zu lernen
... das wahre Leben und mich selbst kennen zu lernen und nicht nur auf der Couch zu sitzen und Talkshows und Soaps anzuschauen, die uns eine künstliche Welt vorstellen
... etwas aus meinem Leben zu machen: eine Arbeit zu haben, eine Familie und Freunde, die zu mir halten.
... an dem Menschen, den ich am meisten brauche, festzuhalten
... einen guten Beruf und eine glückliche Familie zu haben
... seine Art zu erhalten, indem man sich fortpflanzt, damit ein Teil von einem selbst weiter bestehen kann
... das zu machen, was ich will
... seine Träume und Ziele zu verwirklichen und vor allem man selbst zu bleiben
... zu lernen
... in der Welt eine Aufgabe zu haben und sie zu erfüllen

..................................................................................................................

..................................................................................................................

..................................................................................................................

..................................................................................................................

..................................................................................................................

# SPRÜCHE FÜR LEBENSKÜNSTLER UND SOLCHE, DIE ES WERDEN WOLLEN

1. Wenn du schnell ans Ziel kommen willst, musst du langsam gehen.
2. Lebe jeden Tag so, als wäre er ein ganzes Leben.
3. Nur wer die Vergangenheit kennt, kann über die Zukunft reden.
4. Nimm dir Zeit für dein Leben. Du hast nur das eine.
5. Die höchste Form der Anerkennung ist der Neid.
6. Ich schulde meinen Träumen noch Leben.
7. Keine Straße ist zu lang mit einem Freund an der Seite.
8. Es ist leicht, das Leben schwer zu nehmen. Es ist schwer, das Leben leicht zu nehmen.
9. Wende dein Gesicht der Sonne zu, dann fallen die Schatten hinter dich.
10. Die großen Dinge im Leben kosten nichts.
11. Das Leben ist keine Generalprobe.
12. Sei, der / die du bist.
13. Wer nicht genießt, wird ungenießbar.
14. Das Leben ist ein Geschenk. Wir haben es verlernt, mit Geschenken umzugehen.
15. Auch ein langer Weg beginnt mit einem ersten Schritt.
16. Ehe ich meine Feinde liebe, sollte ich zuerst meine Freunde besser behandeln.
17. Sei freundlich zu unfreundlichen Menschen. Sie brauchen es am meisten.
18. Das Leben ist ein wunderbares Buch. Doch es nützt dem nichts, der nicht lesen kann.
19. Wenn die Kinder klein sind, gib ihnen Wurzeln. Wenn sie groß sind, gib ihnen Flügel.
20. Mach aus dir, was in dir steckt.
21. Wichtig ist, dass du machst, was du liebst.
22. Wer nicht weiß, wohin er will, darf sich nicht wundern, wenn er ganz woanders ankommt.
23. Verbringe nicht die Zeit mit der Suche nach einem Hindernis, vielleicht ist keines da.
24. Träume nicht dein Leben. Lebe deinen Traum.
25. Jeder ist seines Glückes Störenfried.
26. Die meisten Menschen werden kleiner, wenn man sie unter die Lupe nimmt.
27. Der Pessimist findet zu jeder Lösung das passende Problem.
28. Nicht nur für die Schule, auch gegen das Leben lernen wir.
29. Gib jedem Tag die Chance, der schönste in deinem Leben zu werden.
30. Zuerst schließen wir die Augen und dann sehen wir weiter.
31. Das Leben können wir nur rückwärts verstehen, aber wir müssen es vorwärts leben.
32. Heute ist der erste Tag vom Rest deines Lebens.
33. Die meisten Menschen werden als Original geboren und sterben als Kopie.
34. Ohne Sehnsucht ist das Leben tot.
35. Jeder denkt an sich. Nur ich denk an mich.
36. In jeder Gesellschaft gibt es Macher, Mitmacher und Miesmacher.

Wie lautet dein Lebensmotto?

.................................................................................... ...............................................

Lies und beurteile die einzelnen Aussagen!

\+ = dieser Aussage stimme ich zu!

\- = dieser Aussage stimme ich nicht zu!

? = dazu habe ich Fragen?

**A5** Mein Lebensweg - ein Labyrinth

Manchmal erscheint uns das Leben wie ein Labyrinth Es geht nicht immer geradlinig. Wir geraten in eine Sackgasse. Es geht einfach nicht mehr weiter. Dann müssen wir uns neu orientieren und neue Wege suchen. Das Labyrinth macht Mut, sich auf den Weg zu machen, nicht aufzugeben und weiterzugehen, denn es gibt ein Ziel.

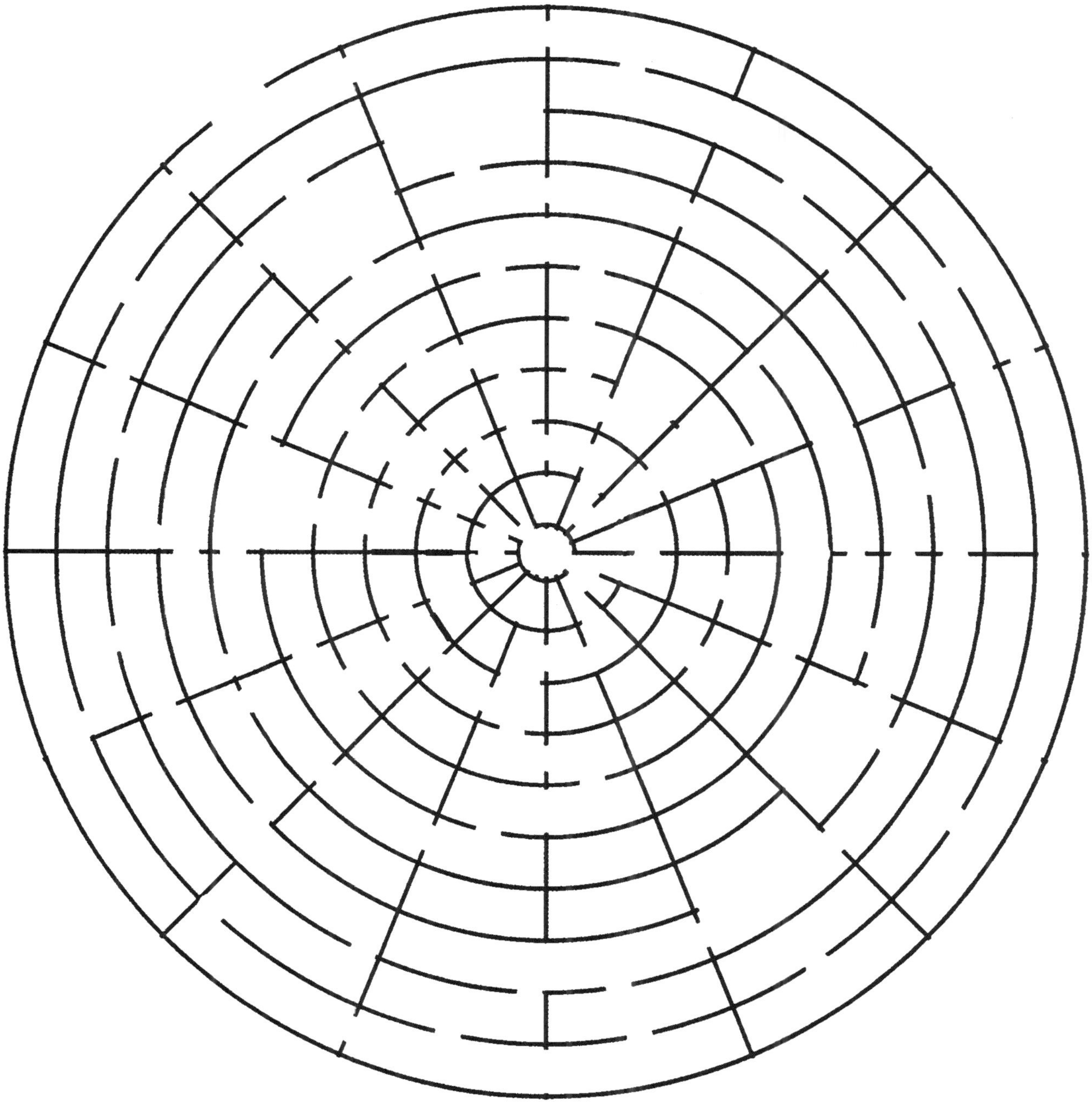

Versuche auf dem Labyrinth den richtigen Weg zur Mitte zu finden (oder von der Mitte zum Ausgang).

Übertrage das Bild des Labyrinths auf dein Leben. Welches waren die entscheidenden Momente in deinem Leben? Wann hast du bewusst gelebt? Was hat dir Kraft gegeben? Wann warst du glücklich, wann eher traurig? Wie war das mit den Kreuzungen und Sackgassen? Wie stellst du dir deine Zukunft vor?

A6

# Spiel des Lebens

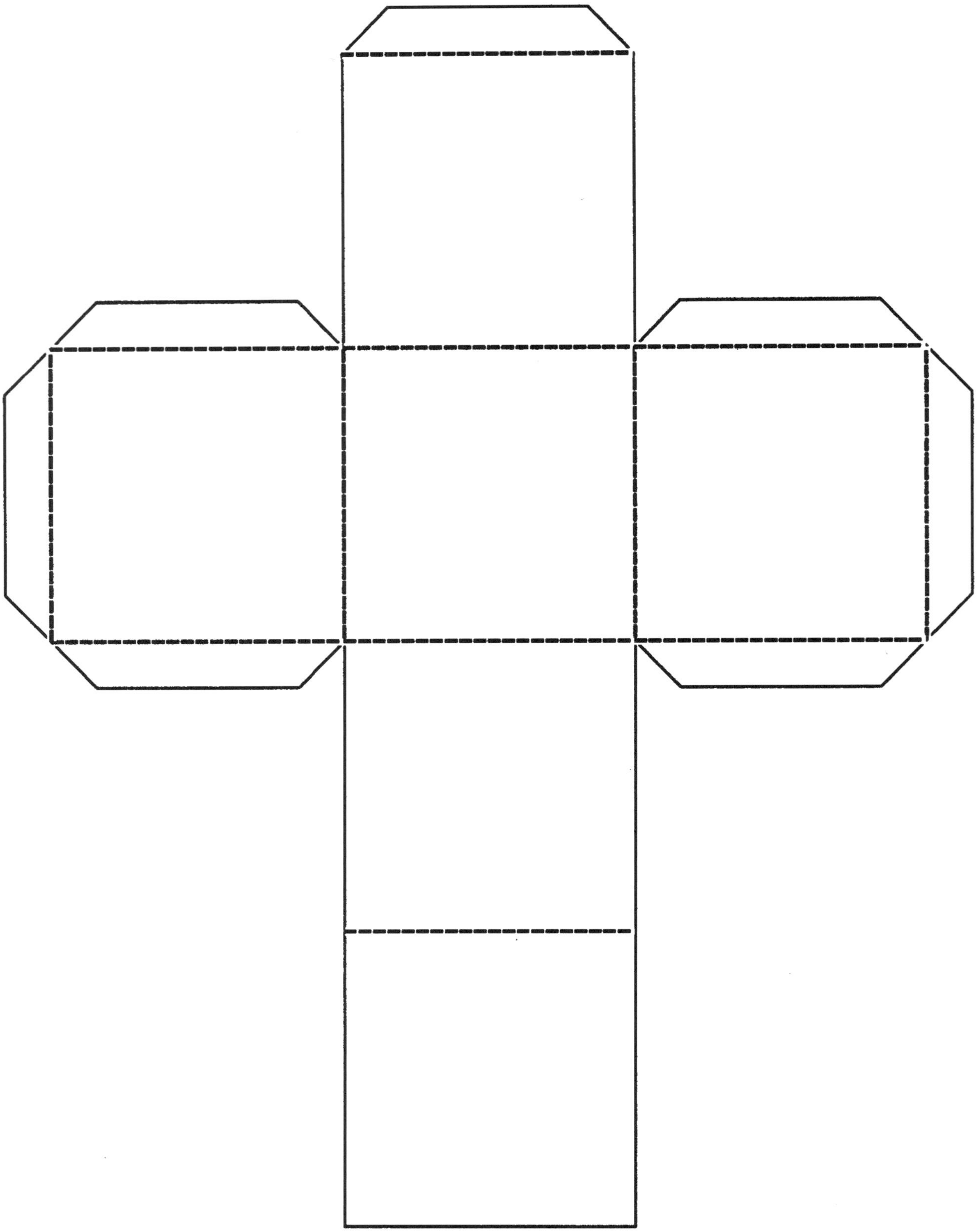

Du siehst oben eine Bastelvorlage für einen Würfel. Eure Gruppenaufgabe (4 Personen) besteht darin, ein neues Spiel zu erfinden. Die Würfelseiten können nummeriert oder beschriftet werden. Es geht in dem Spiel um dich und dein Leben. Stellt dazu Spielregeln auf. Tauscht anschließend nach einer gegenseitigen Erläuterung die Spiele aus. Viel Spaß beim Spiel des Lebens!

A7

# Mein Leben - ein Film

**Du hast die Aufgabe, ein Drehbuch für einen Film zu schreiben.**
**Er erzählt von deinem bisherigen Leben. Wird es eine Komödie oder ein Drama, eine Liebesgeschichte oder ein Krimi. Versuche in Stichworten die Handlung des Filmes zu skizzieren. Erzählt euch dann gegenseitig die Storys und wie es euch bei der Formulierung erging.**

A8

Bau dir
ein Traumschloss,
doch versuch nicht,
darin zu
wohnen

Ich
schulde meinen
Träumen noch
Leben

In welchen Lebenssituationen träume ich?
Welche Inhalte haben diese Träume?
Welche Bedeutung haben Träume für mich und mein Leben?

Träume
nicht dein
Leben,
lebe deinen
Traum

Träume
sind die
letzten Abenteuer
in einer Welt der
vorgeschriebenen
Phantasie

Schreibe eine kurze Antwort zu den vorgegebenen Thesen über Träume!

A9

# lebensthemen

- ❍ Alkohol
- ❍ Angst
- ❍ Anonymität
- ❍ Ausländer
- ❍ Body
- ❍ Clique
- ❍ Computer
- ❍ Cyberspace
- ❍ Depressionen
- ❍ Deutschlandbild
- ❍ Drogen
- ❍ Ecstasy
- ❍ Egoisten
- ❍ Einsamkeit
- ❍ Eltern
- ❍ Engagement
- ❍ Erwachsenwerden
- ❍ Familie
- ❍ Film
- ❍ Flucht
- ❍ Fragen
- ❍ Freizeit
- ❍ Fun-Generation
- ❍ Gebet
- ❍ Geborgenheit
- ❍ Gefahr
- ❍ Geld
- ❍ Generationskonflikt
- ❍ Gesellschaft
- ❍ Geschwister
- ❍ Gewalt
- ❍ Glaube
- ❍ Gleichgültigkeit
- ❍ Glück
- ❍ Gott
- ❍ Graffiti
- ❍ Heiraten
- ❍ Hilfsbereitschaft
- ❍ HipHop
- ❍ Hoffnungsträger
- ❍ Hotel Mama
- ❍ Identität
- ❍ Internet
- ❍ Jugendarbeit
- ❍ Jugendkultur
- ❍ Jugendrituale
- ❍ Jugendsprache
- ❍ Jungen
- ❍ Karriere
- ❍ Kick
- ❍ Kirche
- ❍ Kleidermarke
- ❍ Kommunikation
- ❍ Konsum
- ❍ Körper
- ❍ Krise
- ❍ Kult
- ❍ Langeweile
- ❍ Leben
- ❍ Lebenskünstler
- ❍ Leistung
- ❍ Liebe
- ❍ Love Parade
- ❍ Lust
- ❍ Mädchen
- ❍ Markenfieber
- ❍ Maske
- ❍ Medien
- ❍ Menschlichkeit
- ❍ Mobbing
- ❍ Mode
- ❍ Multimedia
- ❍ Musik
- ❍ Nestwärme
- ❍ Neue Medien
- ❍ Optimismus
- ❍ Orientierungslosigkeit
- ❍ Ost-West
- ❍ Outfit
- ❍ Partnerschaft
- ❍ Party
- ❍ Perspektiven
- ❍ Piercing
- ❍ Politik
- ❍ Postmoderne
- ❍ Punk
- ❍ Realisten
- ❍ Religion
- ❍ Risiko
- ❍ Rollen
- ❍ Schule
- ❍ Sehnsucht
- ❍ Selbstachtung
- ❍ Selbstbewusstsein
- ❍ Selbstmord
- ❍ Selbstverwirklichung
- ❍ Sex
- ❍ Sinnsuche
- ❍ Spaßgeneration
- ❍ Sprayer
- ❍ Straßenkinder
- ❍ Szenensprache
- ❍ Sucht
- ❍ Taschengeld
- ❍ Tätowierung
- ❍ Techno
- ❍ Tod
- ❍ Toleranz
- ❍ Träume
- ❍ Trend
- ❍ Vorbilder
- ❍ Vorurteile
- ❍ Weicheier
- ❍ Werbung
- ❍ Werte
- ❍ Wünsche
- ❍ Wut
- ❍ Zapper
- ❍ Zeitgeist
- ❍ Zukunft
- ❍
- ❍
- ❍
- ❍
- ❍
- ❍

Teilt eure Klasse in 5 Gruppen ein. Wählt in jeder Kleingruppe 5 Themen aus, die euch wichtig sind und über die ihr im Unterricht gerne reden wollt. Jede Gruppe teilt der restlichen Klasse die Gesprächsergebnisse mit. Die 5 am häufigsten genannten Themen sollen in den nächsten Wochen behandelt werden.

# Lebensfragen

Formuliert mit Hilfe der Fragewörter Fragen, die für euer Leben von Bedeutung sind. Tauscht sie dann mit einer anderen Gruppe aus und beantwortet gegenseitig die Fragen. Sprecht gemeinsam über die unterschiedlichen Fragen und Antworten.

1. Wieviel
2. Wo
3. Wer
4. Wann
5. Warum
6. Wobei
7. Weswegen
8. Wie
9. Was
10. Welche
11. Wozu
12. Wen
13. Wem
14. Woher
15. Wohin
16. Worauf
17. Wofür

**A11**

# LEBENSTHEMEN

Welches Thema macht dich wirklich noch betroffen? Kreuze in der Skala (1-7) deine Einstellung an!
Zu welchem Thema kannst du spontan etwas berichten? Formuliere dazu eine Schlagzeile!
Wann und wo hast du das letzte Mal einen Bericht zu dem angesprochenen Thema gelesen oder gesehen?

| | 1 | 2 | 3 | 4 | 5 | 6 | 7 |
|---|---|---|---|---|---|---|---|
| Krieg | | | | | | | |
| Armut | | | | | | | |
| Krankheit | | | | | | | |
| Verfolgung | | | | | | | |
| Gewalt | | | | | | | |
| Folter | | | | | | | |
| Hass | | | | | | | |
| Vergewaltigung | | | | | | | |
| Missbrauch | | | | | | | |
| Korruption | | | | | | | |
| Kriminalität | | | | | | | |
| Kampfhunde | | | | | | | |
| Alter | | | | | | | |
| Abtreibung | | | | | | | |
| Behinderte | | | | | | | |
| Rechtsextremismus | | | | | | | |
| Gerüchte | | | | | | | |
| Mobbing | | | | | | | |
| Ausgrenzung | | | | | | | |
| Mord | | | | | | | |
| Flucht | | | | | | | |
| Todesstrafe | | | | | | | |
| Rache | | | | | | | |
| Verleumdung | | | | | | | |

1 = das macht mich sehr betroffen / 7 = das interessiert mich überhaupt nicht

A12

# GOOD NEWS

Das positive Nachrichtenblatt

## Gute Nachrichten aus meinem Leben

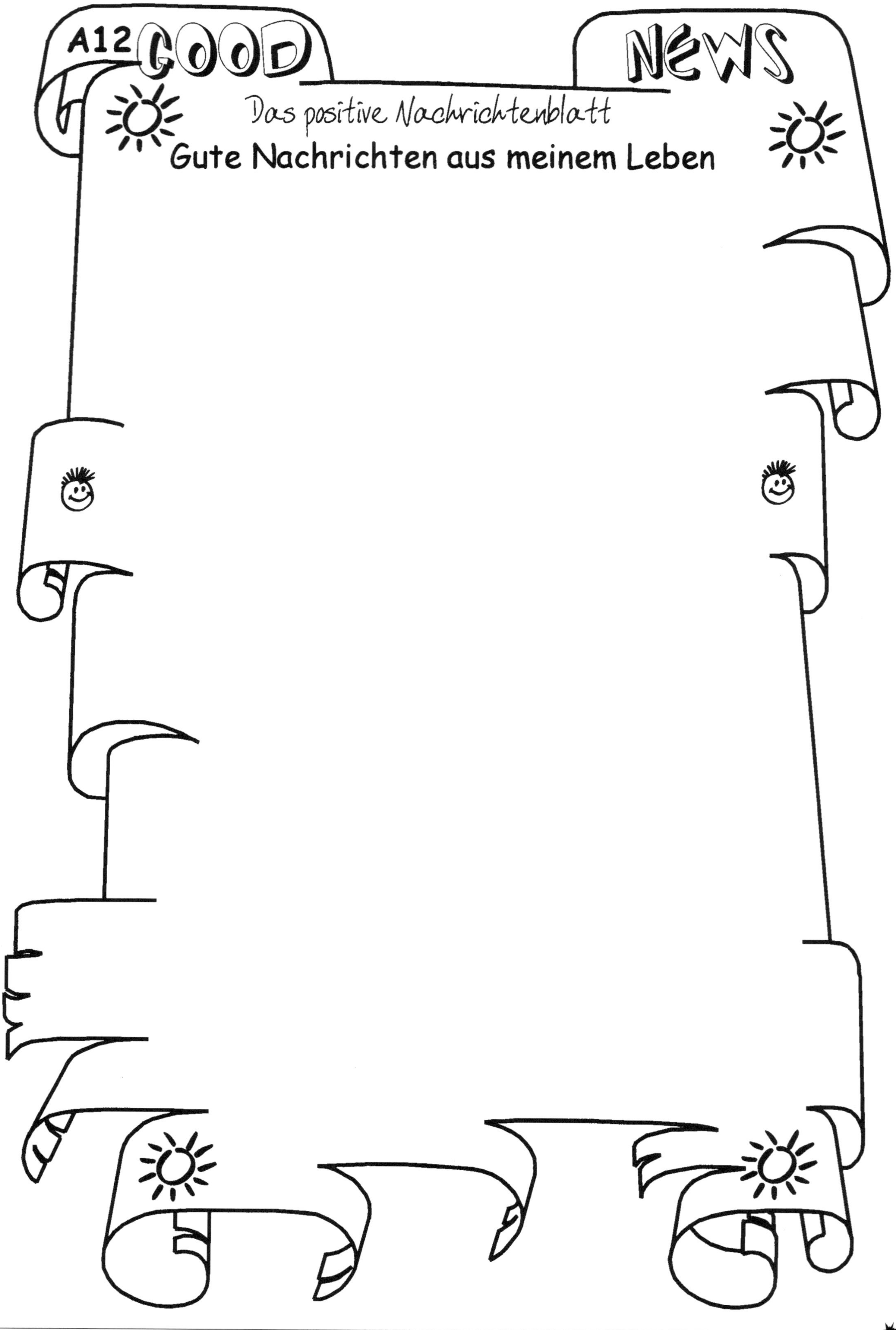

# Lebe jeden Tag, als würde es keinen nächsten geben

Betrachte einmal ganz bewusst und intensiv einen Tag in deinem Leben, den gestrigen: .......................... Was hast du erlebt und wie hast du dich dabei gefühlt? Welche Bedeutung hat dieser Tag für dein Leben?

| Uhrzeit | Begebenheit | Gefühl |
| --- | --- | --- |
| | | |

Welche Erfahrung war an diesem Tag für dich am intensivsten?
Welche würdest du am liebsten ungeschehen machen und vergessen?

Arthur Thömmes: ÜberLeben. 88 Arbeitsblätter für den Religionsunterricht, Deutscher Katecheten-Verein, München

# A14 Ein Blick zurück in meine Kindheit

„Ich schließe meine Augen, hab den Wind im Gesicht, erinnere mich, wie meine Kindheit verstrich, innerlich sehn ich mich zurück nach der Zeit voller Geborgenheit, von Sorgen befreit, vom Morgen, in dem ich mich heute befinde, noch so weit distanziert ..."
(Jazzkantine: Lebe jeden Tag)

Die Kindheit ist eine abenteuerliche Phase des Lebens, in der wir uns schrittweise die Welt erobern. Mit Phantasie und Kreativität probieren wir alles nach dem Prinzip von Versuch und Irrtum aus. Fehler und falsche Entscheidungen sind hier noch erlaubt. Dabei brauchen Kinder vor allem das Urvertrauen, das sie durch die Zuneigung ihrer Eltern erwerben, damit sie selbst die Welt erobern können.
Das Hineinwachsen in die Anforderungen der Erwachsenenwelt kann zu einer der schwierigsten Phasen in unserem Leben werden. Denn jetzt beginnt der "Ernst des Lebens": wir müssen selbstständig Entscheidungen treffen und Verantwortung übernehmen.
Die Grundlagen für ein glückliches Leben werden schon in den frühesten Lebensjahren gelegt. Wir sollten die Erfahrungen der Kindheit nicht unterschätzen, denn wir sind auch das Ergebnis dessen, was wir gelernt haben.
Oft führt uns das Fragen nach dem Sinn des Lebens zurück in die Kindheit, denn wir finden Spuren und Anhaltspunkte, die uns erklären, warum wir so sind, wie wir sind.

**Lies dir die folgenden Fragen durch und versuche sie für dich zu beantworten. Besprecht anschließend in Kleingruppen eure persönlichen Erkenntnisse.**

☞ Erinnere dich an deine Kindheit!
☞ Wie erlebst du heute deine Kindheit im Rückblick?
☞ Welche Erfahrungen haben dich geprägt?

☞ Was hast du vermisst?
☞ Welches sind deine schönsten Erinnerungen?
☞ Für was bist du heute noch sehr dankbar?
☞ Welche Personen sind es, die dir in der Erinnerung noch am nächsten sind?

☞ Was würdest du bei der Erziehung deiner Kinder anders machen?

„Ihr Besserwisser wollt mir in mein Leben reinreden ... Eine ganze Generation ist ohne Lebenslust, denn was immer man auch will, das Leben sagt: "Du musst!" "Tu' dies, tu' das! Lass' dies, lass' das!" Ich hass' das! Denn es ist viel zu krass, was ihr normal nennt! Am Ende eines Daseins hat man alles verpennt. Wenn man's macht wie ihr, aber nicht mit mir!"
(Basis, Ich will euer Leben nicht)

Im Elternhaus bekommst du viele Ratschläge. Oft sind sie die Quelle großer Missverständnisse. Versucht einige der unten genannten Formulierungen zu übersetzen. 1. Wie verstehe ich diese Äußerung und was bewirkt sie bei mir 2. Wie könnten das die Eltern, Erzieher oder Lehrer gemeint haben?

# RATSCHLÄGE FÜR DAS LEBEN

Werde erst mal erwachsen.
Wer nicht will, der hat gewollt.
Da führt nun mal kein Weg dran vorbei.
Das ist doch kein Umgang für dich.
Hör auf, dich wie ein Kind zu benehmen!
Sieh mich an, wenn ich mit dir rede!
Das gab es in meiner Jugend nicht.
Als ich so alt war wie du, ...
Du wirst mir noch mal dankbar sein.
Lass dir nichts gefallen!
Wer nicht hören will, muss fühlen.
So spricht man nicht mit seinen Eltern.
Benimm dich ordentlich!
Stell dich nicht so an!
Das hab ich dir jetzt oft genug gesagt.
Warum kommst du so spät nach Hause?
Wo warst du schon wieder?
Ein wenig freundlicher könntest du sein!
Du solltest dich schämen!
Wenn du nur einen Funken Verstand hättest.
Mach nicht so ein Gesicht!

Hoffentlich bekommst du mal ein Kind wie dich.
Du brauchst keine Angst zu haben!
Es wird gegessen, was auf den Tisch kommt!
Denk doch mal an später!
Das sagt man nicht.
Wenn ich dich dabei noch mal erwische!
Musst du immer das letzte Wort haben?
Reiß dich zusammen!
Erst denken, dann reden.
Das kommt davon.
Kannst du nicht aufpassen!
Deine Ausreden kannst du dir sparen.
Du wirst schon sehen, was du davon hast.
Das verstehst du noch nicht.
Sei nicht so vorlaut!
Was soll bloß aus dir werden.
So geht das aber nicht.
Du wirst auch noch Ordnung lernen.
So bringst du es zu nichts.
Mach nicht so ein Theater!
Red nicht so einen Stuss!

Du findest dich wohl interessant?
Sei doch mal vernünftig!
Streng dich an!
Guck dir mal die anderen Kinder an.
Wie du wieder aussiehst.
Du raubst mir den letzten Nerv.
Solange du die Füße unter meinen Tisch stellst ...
Was sollen denn die Leute denken.
Lehrjahre sind keine Herrenjahre.
Das war das letzte Mal.
Daran solltest du dir mal ein Beispiel nehmen!
Sei nicht so kindisch!
Hast du das immer noch nicht begriffen!?
Musst du uns immer blamieren!?
Das ist also der Dank.
Das nächste Mal passt du besser auf!
Streng dich an!
Das ist nicht gut für dich.
Ich will doch nur dein Bestes.
Antworte gefälligst, wenn du gefragt wirst!
Stell dich nicht so an!

A16

# EIN STREITGESPRÄCH

GLÜCK und UNGLÜCK stehen sich gegenüber. Beide sind wichtige Bestandteile unseres Lebens. Stellen wir uns vor, dass sie miteinander streiten. Jeder stellt seine Vorteile für das Leben der Menschen dar und wertet die Bedeutung des anderen ab. Zwei Gruppen sammeln zunächst Argumente für die Kontrahenten. Dann kann der verbale Kampf beginnen. Eine dritte Gruppe von Beobachtern formuliert Beobachtungsfragen und stellt die Ergebnisse nach dem Wortgefecht vor.

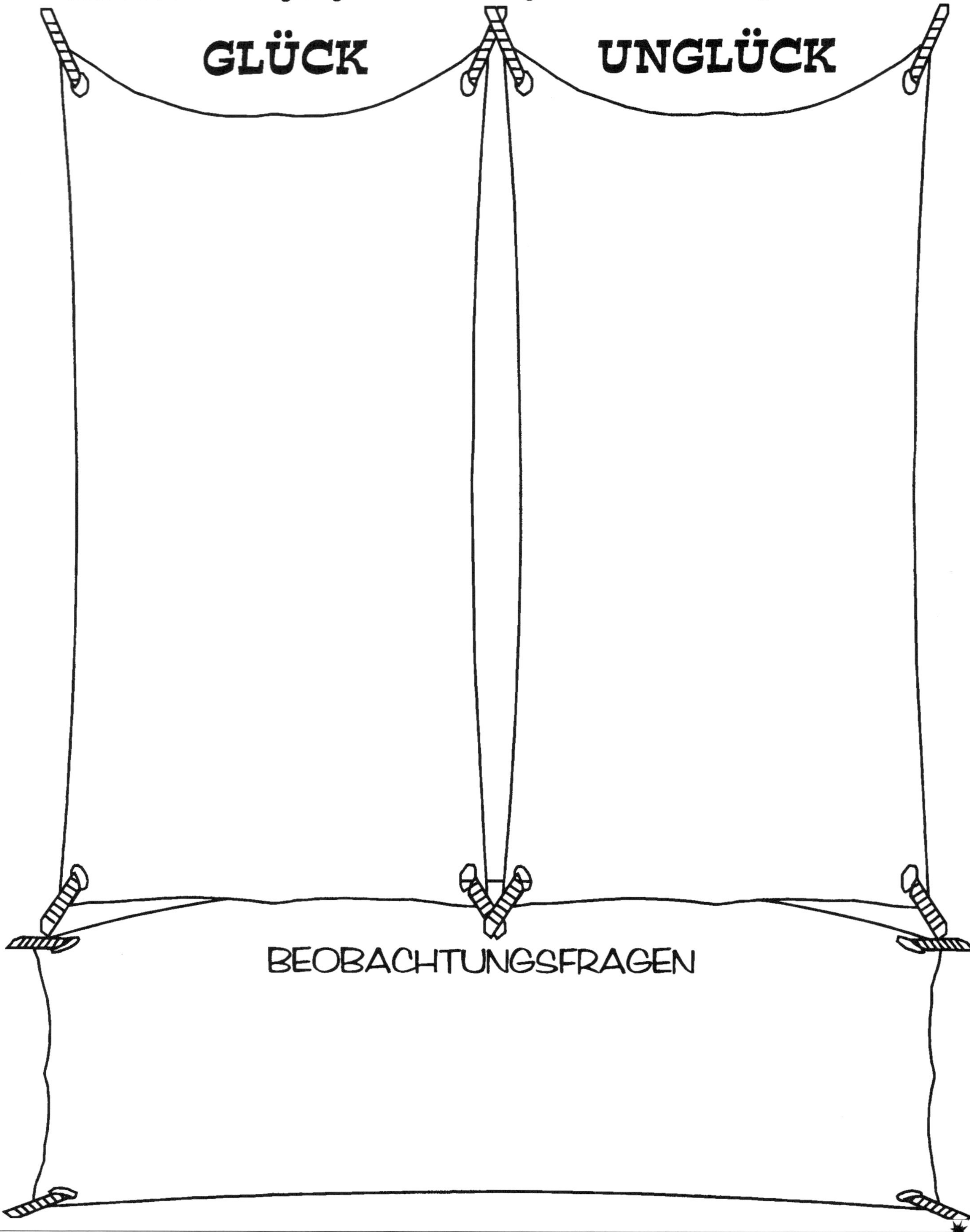

# Was ist GLÜCK?

Trotz des Wohlstands, der vielen Freizeit und der Masse an Spaßangeboten sind viele Menschen heute alles andere als glücklich. Vielleicht liegt es daran, dass die Vorstellungen vom Glück sehr unterschiedlich sind. Für den einen ist es das viele Geld, von dem er träumt, für den anderen ist es das Zufriedensein mit seinem Beruf und der Familie. Die Frage nach dem Lebensglück ist so alt wie die Menschheit selbst, doch die Antworten setzen sich zusammen aus vielen kleinen Episoden und Glücksmomenten.
So lohnt es, sich auf die Suche zu machen nach den Träumen, Sehnsüchten, Hoffnungen und Wünschen, die das Glücksstreben produziert.

**Unterhaltet euch zunächst über eure eigenen Vorstellungen von Glück?**
**Befragt eure Mitschüler, Eltern, Großeltern, Nachbarn und Bekannte, welche Vorstellungen sie von Glück haben.**
**Sucht in Büchern und im Internet nach Definitionen von Glück.**
**So entsteht nach und nach ein großes Glücks-Puzzle, das euch vielleicht helfen kann bei der eigenen Suche nach dem Glück.**

GLÜCK ist ...

GLÜCK ist ...

GLÜCK ist ...

GLÜCK ist ...

GLÜCK ist ...

GLÜCK ist ...

# winner & loser

... setzt sich Ziele
... weiß, was er/sie will
... findet für jedes Problem eine Lösung
... schaut auf seine Stärken
... sieht alles positiv
... vergleicht seine/ihre Leistungen mit den Zielen
... sagt: "Alles ist möglich!"
... vertraut auf seine/ihre Talente und Fähigkeiten
...
...
...
...
...
...
...
...
...

... läuft planlos durch die Welt
... weiß nie, was er/sie will
... sieht in jeder Lösung ein Problem
... sieht immer nur seine/ihre Schwächen
... ist ein Pessimist
... vergleicht seine/ihre Leistungen mit den Leistungen anderer
... sagt: "Das ist unmöglich!"
... wird gelähmt durch seine/ihre Fehler und Unfähigkeiten
...
...
...
...
...
...
...
...
...

1. **Ergänze die Liste mit weiteren Kennzeichen!**
2. **Welche Bedeutung hat die Einteilung in Gewinner und Verlierer für den einzelnen Menschen und das Zusammenleben in der Gesellschaft?**
3. **Nennt Beispiele, in denen deutlich wird, dass aus scheinbarer Schwäche Stärke werden kann (könnte)!**
4. **Gewinnen – ohne Sieger und Verlierer: Ist das möglich?**

# Liebt, als hätte euch noch nie jemand verletzt

Wenn wir die ganze Menschheit auf ein Dorf von 100 Einwohnern reduzieren, aber auf die Proportionen aller bestehenden Völker achten würden, wäre dieses Dorf so zusammengestellt:

- 57 Asiaten
- 21 Europäer
- 14 Amerikaner (Nord und Süd)
- 8 Afrikaner

- 52 wären Frauen
- 48 wären Männer

- 70 Nicht-Weiße
- 30 Weiße

- 70 Nicht-Christen
- 30 Christen

- 89 heterosexuelle
- 11 homosexuelle

- 6 Personen würden 59% des gesamten Weltreichtums besitzen
und alle 6 Personen kämen aus den USA.
- 80 hätten keine ausreichenden Wohnverhältnisse
- 70 wären Analphabeten
- 50 wären unterernährt

- 1 würde sterben
- 2 würden geboren

- 1 hätte einen PC
- 1 (nur einer) hätte einen akademischen Abschluss

Wenn man die Welt aus dieser Sicht betrachtet, wird jedem klar, dass das Bedürfnis nach Zusammengehörigkeit, Verständnis, Akzeptanz und Bildung notwendig ist. Denkt auch darüber nach!

Falls du heute Morgen gesund und nicht krank aufgewacht bist, bist du glücklicher als 1 Million Menschen, die die nächste Woche nicht erleben werden.

Falls du nie einen Kampf des Krieges erlebt hast, nie die Einsamkeit durch Gefangenschaft, die Agonie des Gequälten, oder Hunger gespürt hast, dann bist du glücklicher als 500 Millionen Menschen der Welt.

Falls du in die Kirche gehen kannst, ohne die Angst, dass Dir gedroht wird, dass man Dich verhaftet oder Dich umbringt, bist du glücklicher als 3 Milliarden Menschen der Welt.

Falls sich in Deinem Kühlschrank Essen befindet, du angezogen bist, ein Dach über dem Kopf hast und ein Bett zum hinlegen, bist du reicher als 75% der Einwohner dieser Welt.

Falls du ein Konto bei der Bank hast, etwas Geld im Portemonnaie und etwas Kleingeld in einer kleinen Schachtel, gehörst du zu 8% der wohlhabenden Menschen auf dieser Welt.

Falls du diese Nachricht liest, bist du doppelt gesegnet worden, denn:

- Jemand hat an Dich gedacht und
- du gehörst nicht zu den 2 Milliarden Menschen, die nicht lesen können.

Einer hat irgendwann mal gesagt:

Arbeitet, als würdet ihr kein Geld brauchen. Liebt, als hätte euch noch nie jemand verletzt. Tanzt, als würde keiner hinschauen. Singt, als würde keiner zuhören. Lebt, als wäre das Paradies auf der Erde.

Schicke diese e-mail an alle, die du Freunde nennst. Wenn du sie nicht weiter schickst, wird nichts passieren, wenn du sie weiter schickst, wirst du vielleicht von jemandem ein Lächeln bekommen.

*Bei uns ist es üblich, viel zu klagen und zu jammern. Manchmal ist es hilfreich, mein Leben mit dem Leben anderer Menschen auf unserer Welt zu vergleichen. Dieser Kettenbrief will zum Nachdenken anregen.*

*Welche Gefühle löst der Text bei dir aus? Welche Aussagen sprechen dich besonders an? Würdest du ihn an andere weiterschicken? Formuliere selbst einen Kettenbrief mit positiven und ermutigenden Botschaften!*

# *Wer/was beeinflusst mein Leben?*

**Schreibe in die Kästchen die Personen, Gruppen, Institutionen, Werte, ... die dich beeinflussen! In den Pfeilen kannst Du die Art und Weise der Beeinflussung beschreiben. Versuche die Gewichtigkeit des Einflusses durch unterschiedliche Farben zu kennzeichnen!**

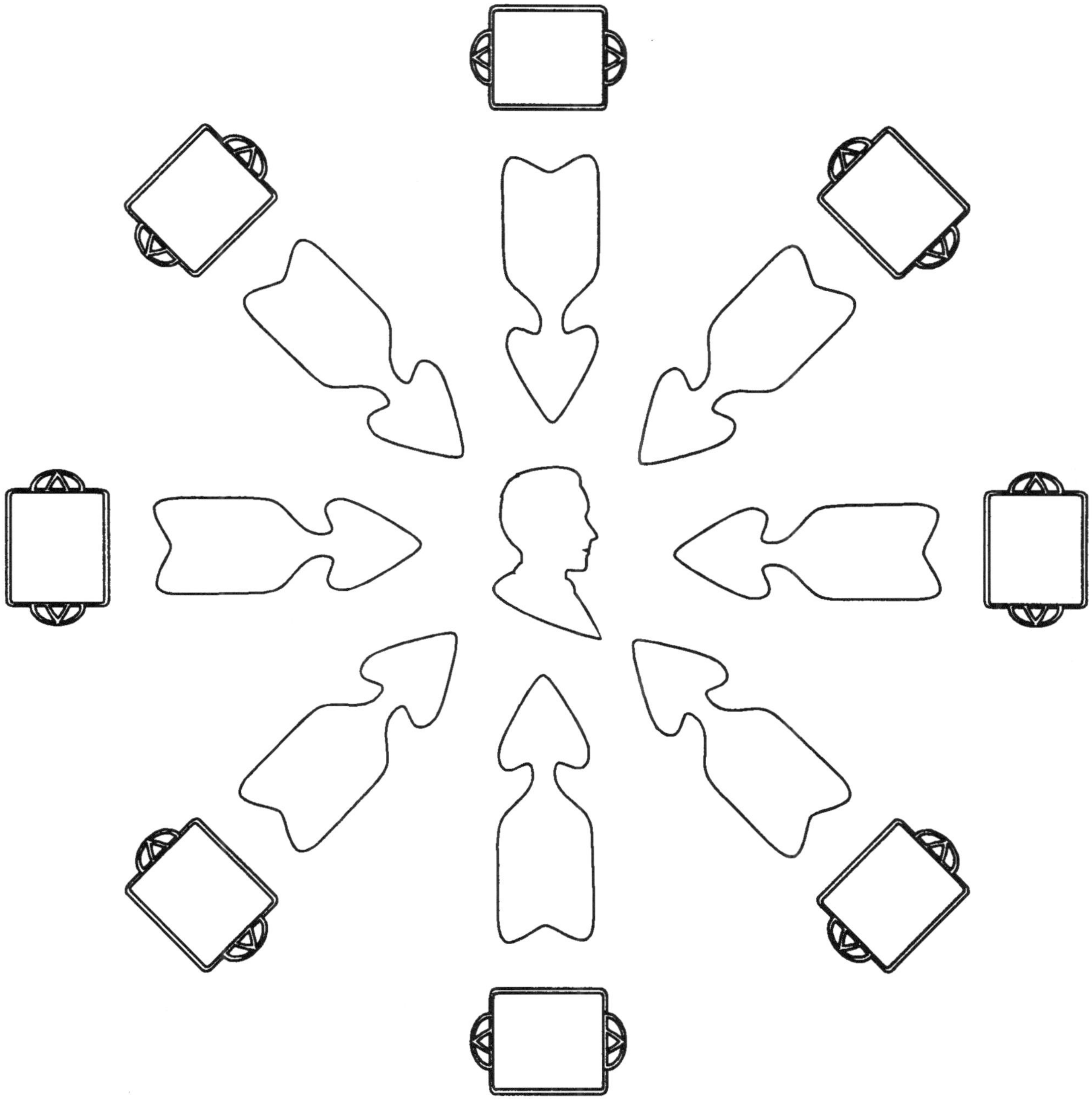

# *Wen/was beeinflusse ich?*

Schreibe in die Kästchen die Personen, Gruppen, Institutionen, Werte, ... auf die du Einfluss nimmst!
In den Pfeilen kannst Du die Art und Weise der Beeinflussung beschreiben.
Versuche die Gewichtigkeit des Einflusses durch unterschiedliche Farben zu kennzeichnen!

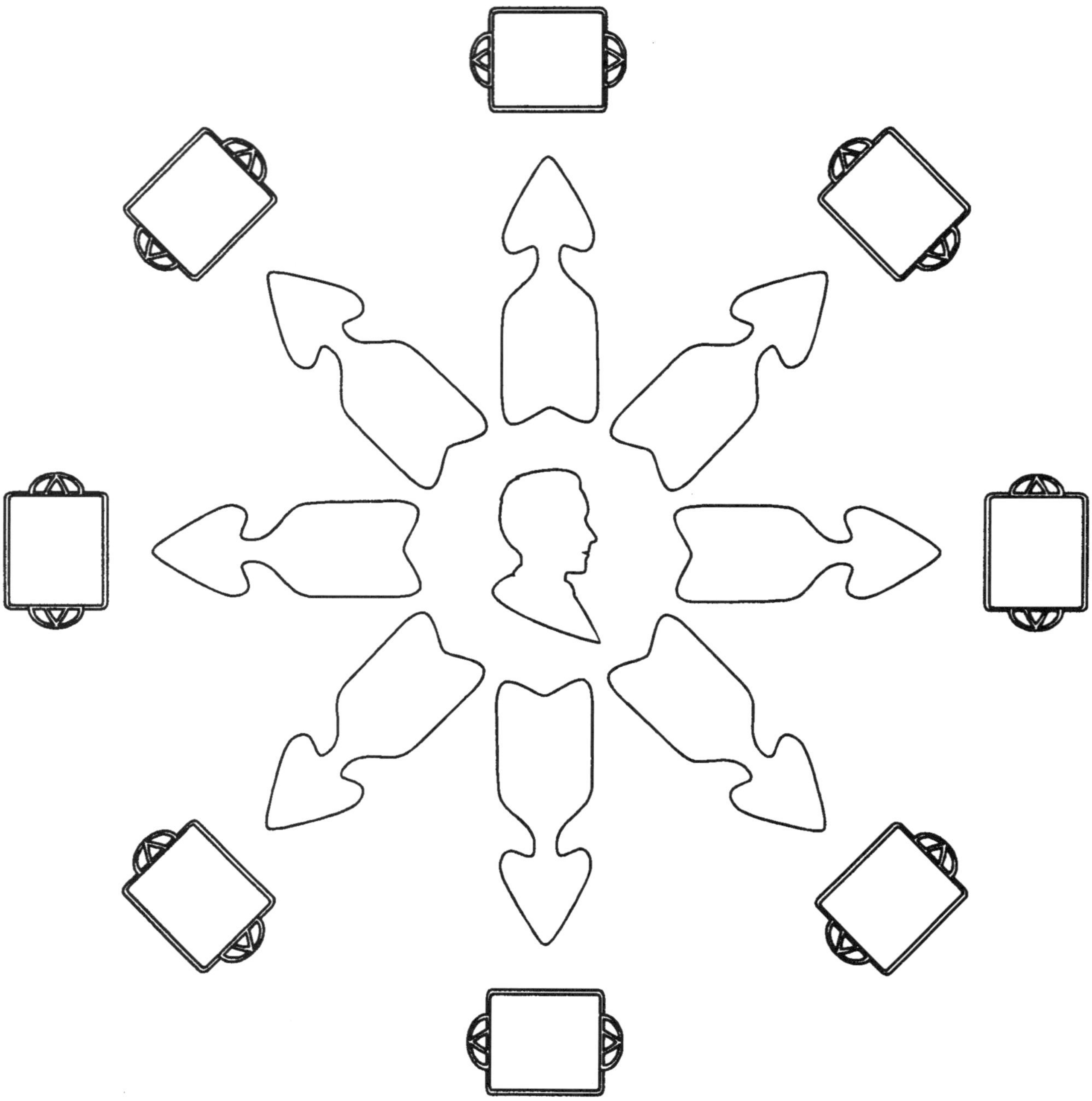

# SELBSTVERTRAUEN---SELBSTBEWUSSTSEIN

SELBSTVERTRAUEN---SELBSTBEWUSSTSEIN

SELBSTWERTGEFÜHL---SELBSTVERWIRKLICHUNG

1. Setze dir Ziele in deinem Leben und arbeite daran.
2. Sorge dich nicht um Nebensächlichkeiten, sondern genieße das, was du hast und bist.
3. Nimm dich wichtig genauso wie die Menschen um dich.
4. Habe den Mut, dein Leben zu ändern, wenn du merkst, dass es dich unglücklich macht.
5. Nimm dein Leben in die Hand und mache etwas daraus.
6. Suche dir Vorbilder, an denen du dich orientieren kannst.
7. Achte auf die kleinen Dinge des Lebens.
8. Versuche zufrieden und bewusst zu leben.
9. Akzeptiere deine Gefühle und habe den Mut, sie zu zeigen.
10. Übernimm Verantwortung für dein Leben.
11. Versuche herauszufinden, wer du bist und was du kannst und willst.
12. Akzeptiere deine Grenzen.
13. Sorge für dich ohne andere Menschen zu verletzen.
14. Achte auf deine Wünsche und Träume.
15. Sei aufgeschlossen für Neues.
16. Sei freundlich zu den Menschen und nachsichtig mit dir selbst.
17. Vertraue den Menschen, die dich lieben.
18. Bleibe neugierig, denn nur so eroberst du dir die Welt.
19. Freue dich an den schönen Dingen des Lebens.
20. Bewahre dir einen Glauben, denn du brauchst etwas zum Festhalten.
21. Nimm deine Pflichten ernst und kämpfe für deine Rechte.
22. Lerne zu empfangen und loszulassen.
23. Auch Trauer, Angst und Mutlosigkeit gehören zu deinem Leben. Nimm sie an.
24. Mache dir bewusst, dass du einmalig bist.
25. Lache so oft wie möglich, denn es ist gesund.
26. Überprüfe immer wieder deine Einstellung zum Leben.

**Welche der angesprochenen Lebensregeln sind für dich und dein Leben wichtig?**
**Welche würdest du einem bestimmten Menschen schenken?**

SELBSTWERTGEFÜHL---SELBSTVERWIRKLICHUNG

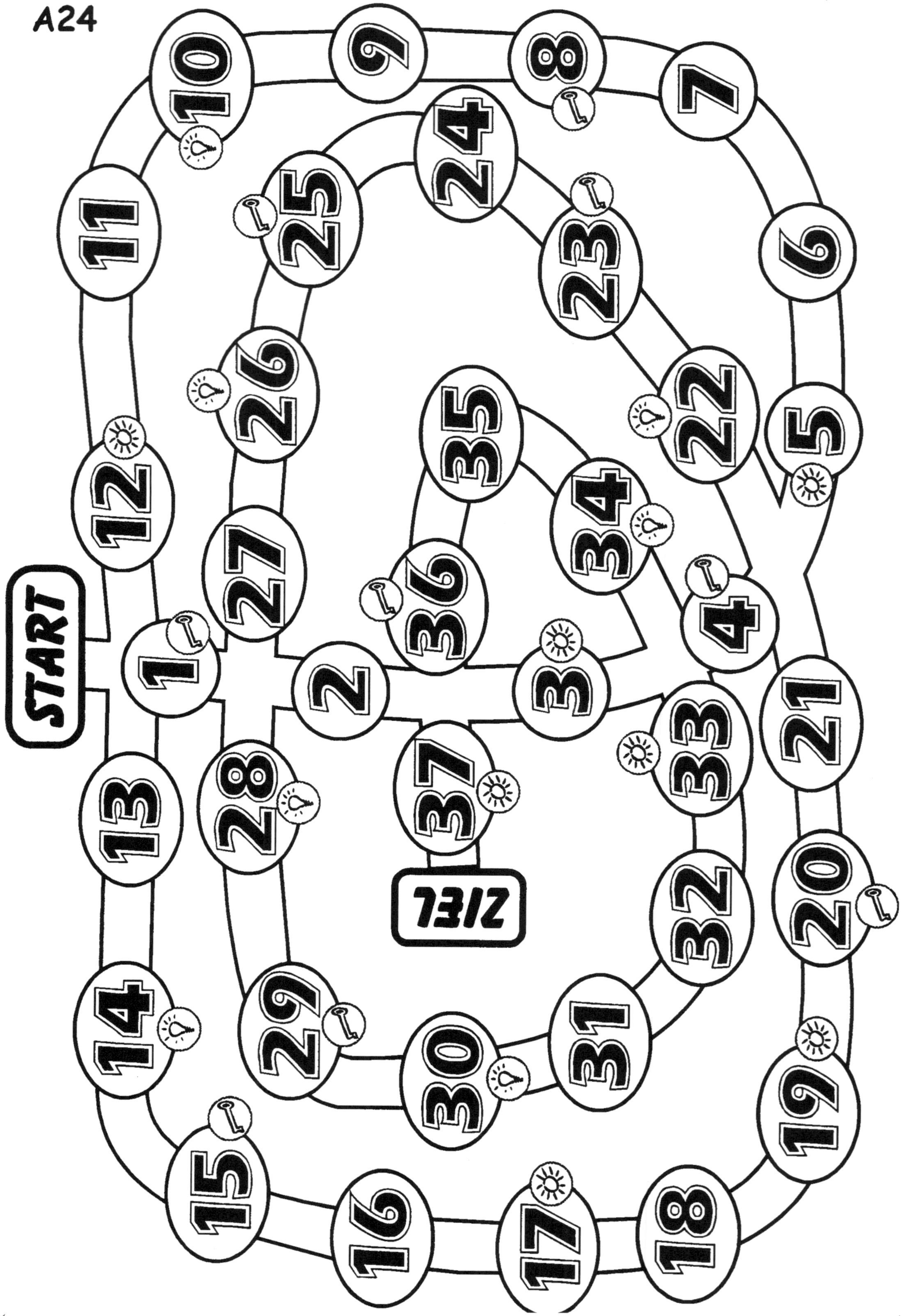
START
ZIEL

# A25

Dieses Spiel hat noch keinen Namen und keine Spielregeln. Es ist unvollständig und somit eine Aufforderung zur Kreativität. Vorgegeben ist eine Spielfläche mit einem Weg, sowie Zahlen und verschiedene Symbole. Du benötigst zur Fertigstellung zunächst einen Würfel und eine Figur, mit der du dich auf dem Weg bewegen kannst. Stehst du auf einer Zahl mit einem Symbol, musst du die entsprechende Karte aufnehmen und die darauf formulierte Frage oder Anweisung umsetzen.
Eure Aufgabe besteht zunächst darin, zu einem ausgewählten oder vorgegebenen Thema Fragen und Aktionsanweisungen zu formulieren (etwa je 20). Dabei können die Symbole unterschiedliche Bedeutung haben, z.B.

☼ = Fragekarte:
Hast du Angst vor der Zukunft? Was würde dich im Moment glücklich machen?

(Schlüssel) = Aktionskarte:
Stelle pantomimisch dar, wie du dich momentan fühlst! Lobe einen Mitspieler!

(Glühbirne) = Jokerkarte:
Rücke 5 Zahlen vor! Reiche die Frage weiter!

Entwerft Spielregeln, an die sich die Spieler halten müssen. Dazu einige Anregungen zur Umsetzung: Was geschieht, wenn das Ziel erreicht ist? Wie viele Personen können spielen? Wie lange ist die Redezeit? Kann eine Frage oder Aktion weitergegeben werden? ...
Anschließend werden die Karten nach Symbolen geordnet und zusammengelegt. Die Spielfläche kann vergrößert und bunt ausgemalt werden. Das Spiel kann beginnen! Viel Spaß
Viele fertige Fragekarten findest du in dem Spiel "Fußspuren" (Lahn-Verlag).

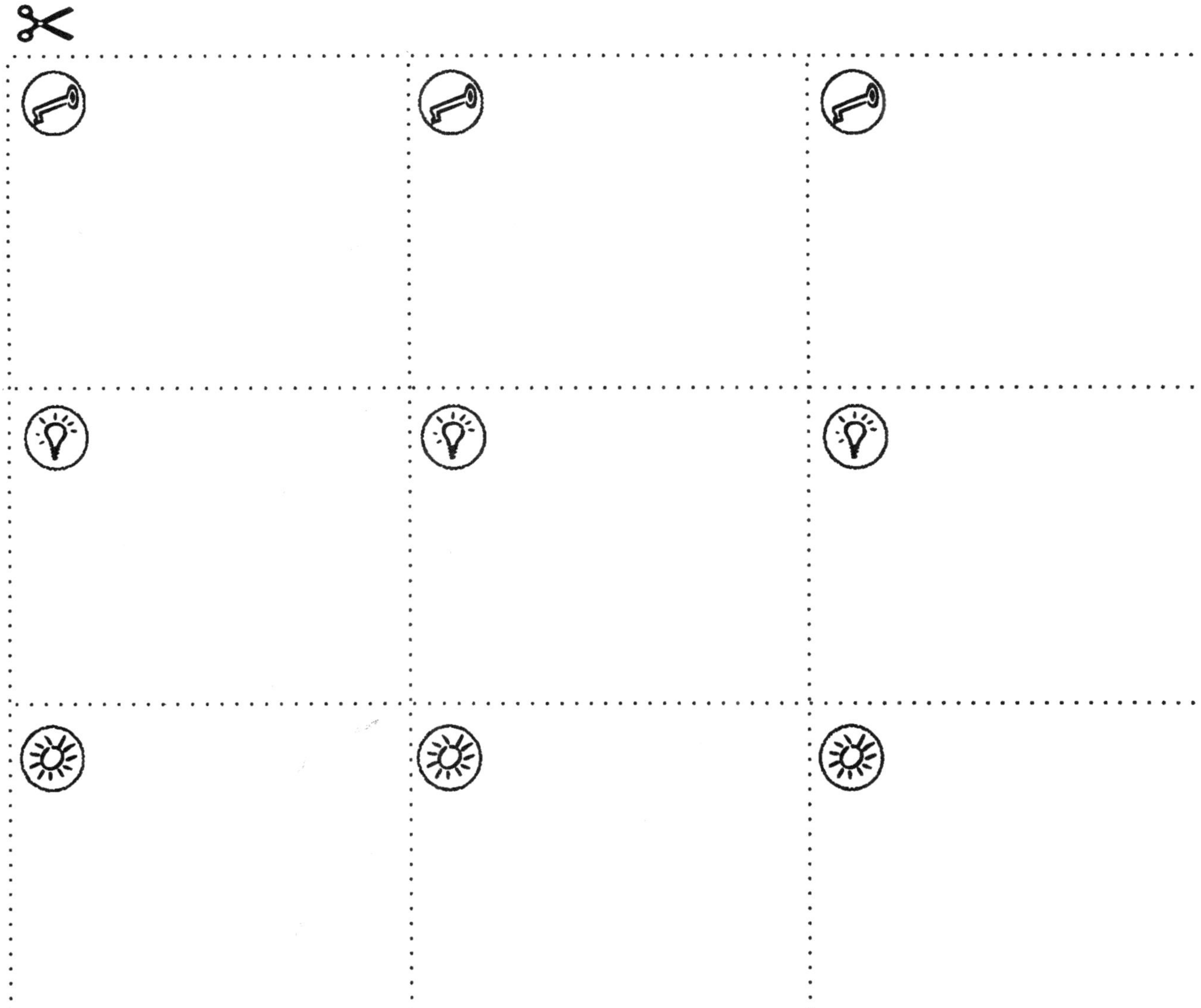

| Wie ich bin | 1 | 2 | 3 | 4 | 5 | 6 | 7 |
|---|---|---|---|---|---|---|---|
| selbstbewusst | | | | | | | |
| egoistisch | | | | | | | |
| lustig | | | | | | | |
| ängstlich | | | | | | | |
| herzlich | | | | | | | |
| lebenslustig | | | | | | | |
| einfühlsam | | | | | | | |
| sportlich | | | | | | | |
| cool | | | | | | | |
| scheu | | | | | | | |
| spontan | | | | | | | |
| neidisch | | | | | | | |
| höflich | | | | | | | |
| hilflos | | | | | | | |
| angeberisch | | | | | | | |
| beliebt | | | | | | | |
| schwach | | | | | | | |
| launisch | | | | | | | |
| optimistisch | | | | | | | |
| stur | | | | | | | |
| umgänglich | | | | | | | |
| zuverlässig | | | | | | | |
| kritisch | | | | | | | |
| ehrlich | | | | | | | |
| sparsam | | | | | | | |

1 = stimmt ganz genau / 7 = stimmt überhaupt nicht

# A27 . . . . . . . Satzsetzen . . . . . . .

Erzähle etwas über dich, indem du die folgenden Sätze zu Ende schreibst. Es bleibt dir überlassen, was du von dir erzählen willst. Setzt euch anschließend in kleinen Gruppen zusammen und stellt euch die Ergebnisse vor.

"Ich bin ........................................
........................................"

"Ich würde gerne ........................................
........................................"

"Ich wünsche mir ........................................
........................................"

"Ich spüre ........................................
........................................"

"Ich sollte ........................................
........................................"

"Ich verhalte mich ........................................
........................................"

"Ich akzeptiere ........................................
........................................"

"Ich wäre gerne ........................................
........................................"

"Ich freue mich, wenn ........................................
........................................"

"Könnte ich ........................................
........................................"

"Immer wieder ........................................
........................................"

"Ich habe nichts dagegen, wenn ........................................
........................................"

"Ich träume von ........................................
"

# Stell dir vor, du wärst ...

## ... dann wärst du ...

| | |
|---|---|
| ein Tier | |
| ein Gefühl | |
| eine Blume | |
| ein Musikintrument | |
| eine Farbe | |
| ein bekannter Star | |
| ein Wetter | |
| ein .......... | |

Um mich selbst zu beschreiben, können Bilder sehr hilfreich sein. Stell dir also vor, du wärst ein Auto. Welches wärest du: ein flotter Sportwagen oder ein gemütliches Cabrio? Warum? Versuche es in ähnlicher Weise mit den anderen Bildern. Ihr könnt euch so gegenseitig vorstellen und etwas von euch erzählen.
Variante: Legt die ausgefüllten Blätter verdeckt in die Mitte. Jeder zieht ein Blatt und versucht zu raten, von wem es stammt.

# A29 INTELLIGENZ, BEGABUNG, TALENTE, FÄHIGKEITEN

Kein Mensch gleicht dem anderen. Jeder denkt, fühlt und handelt unterschiedlich. Warum das so ist, hängt zum einen von unseren Erbanlagen ab, zum anderen auch davon, wie wir erzogen werden und welchen Einfluss die übrige Umwelt auf uns nimmt. Besonders interessant sind dabei folgende Fragen: Welche Fähigkeiten, Talente und Begabungen gibt es? Wo liegen meine persönlichen Stärken und Schwächen?

| | | |
|---|---|---|
| 1. | KÖRPER | Bewegung kontrollieren und koordinieren; mit Objekten umgehen; stark sein; spüren |
| 2. | EMOTION | Die eigenen Gefühle erkennen und sie zum richtigen Zeitpunkt und am richtigen Ort klug einsetzen; die Gefühle anderer wahrnehmen |
| 3. | NATUR | Natürliche Vorgänge erkennen und kategorisieren |
| 4. | ZAHLEN | Abstraktionen finden, und zugrundeliegende Regeln aufstellen |
| 5. | EXISTENZ | Grundfragen nach dem Sinn des menschlichen Lebens stellen und nach Antworten suchen |
| 6. | SPRACHE | Liebe zu Worten; sich ausdrücken, erzählen und schreiben |
| 7. | MUSIK | Melodien und Rhythmen unterscheiden, erkennen und komponieren |
| 8. | RAUM | die räumliche Welt genau wahrnehmen und innere Bilder erzeugen |
| 9. | SOZIALE BEZIEHUNGEN | Auf Menschen zugehen und mit ihnen umgehen können |
| 10. | HANDWERKLICHES GESCHICK | Gegenstände bearbeiten (Holz, Metall, Papier, ...) und reparieren |
| 11. | VERARBEITUNGS-KAPAZITÄT | Komplexe Informationen verarbeiten |
| 12. | KREATIVITÄT / EINFALLSREICHTUM | Über das Bestehende hinauszudenken und neuartige, interessante Ideen entwickeln, die auf die Lösung eines Problems abzielen |
| 13. | VERARBEITUNGS-GESCHICK | Arbeitstempo, Auffassungsleichtigkeit und Konzentrationskraft |
| 14. | | |
| 15. | | |

| | |
|---|---|
| Meine Stärken: | |
| Meine Schwächen: | |
| Das möchte ich können: | |
| Daran arbeite ich: | |

# Gefühlsbarometer

**Das macht mich froh!**

**Dann bin ich wütend!**

**Das läßt mich gleichgültig sein!**

**A31**

eigene Einschätzung | Fremdeinschätzung

- Gefühle zeigen
- selbstsicher auftreten
- Fehler zugeben
- auf andere Menschen zugehen
- aufmerksam zuhören und andere aussprechen lassen
- fair streiten
- meine Meinung sagen, auch wenn es andere trifft
- mich gegen Ungerechtigkeiten wehren
- Mitgefühl zeigen
- anderen Menschen vertrauen
- ein guter Freund bzw. eine gute Freundin sein
- gegenüber mir selbst ehrlich sein
- geduldig sein
- Kritik einstecken
- pünktlich sein
- Abmachungen einhalten
-
-

- ❑ Das geht dich überhaupt nichts an!
- ❑ Mir geht es heute nicht so gut!
- ❑ Schön, daß du fragst. Wollen wir darüber reden?
- ❑ Meinst du die Frage ernst?
- ❑ Kümmere dich um deinen eigenen Kram!
- ❑ Mir geht es ganz schlecht!
- ❑ Man kann nicht genug klagen
- ❑ Schlechten Leuten geht es immer gut.
- ❑ So wie ich aussehe.
- ❑ Danke, gut!
- ❑ ..................................................
- ❑ ..................................................

Die Frage wird dir sicherlich häufig gestellt.
Versuche sie einmal ernsthaft zu beantworten.
Sprecht in der Kleingruppe über eure Erfahrungen mit dieser Frage,
über die Antworten, die du häufiger gibst

A33

# HINTER DIE MASKE SCHAUEN

Viele Menschen verstecken ihr wahres Gesicht hinter einer Maske. Oft haben sie Angst, dass die anderen erkennen, wie sie wirklich sind. Suche dir jemanden, den du hinter deine Maske schauen lassen willst. Er /sie soll aufschreiben, was er hinter deiner Maske vermutet. Unterhaltet euch anschließend darüber und macht das ganze in umgekehrter Weise.

Arthur Thömmes: ÜberLeben. 88 Arbeitsblätter für den Religionsunterricht, Deutscher Katecheten-Verein, München

# Die Sprache des Körpers

***Ergänze die Liste! Was können die Aussagen über mich und mein Leben aussagen?***

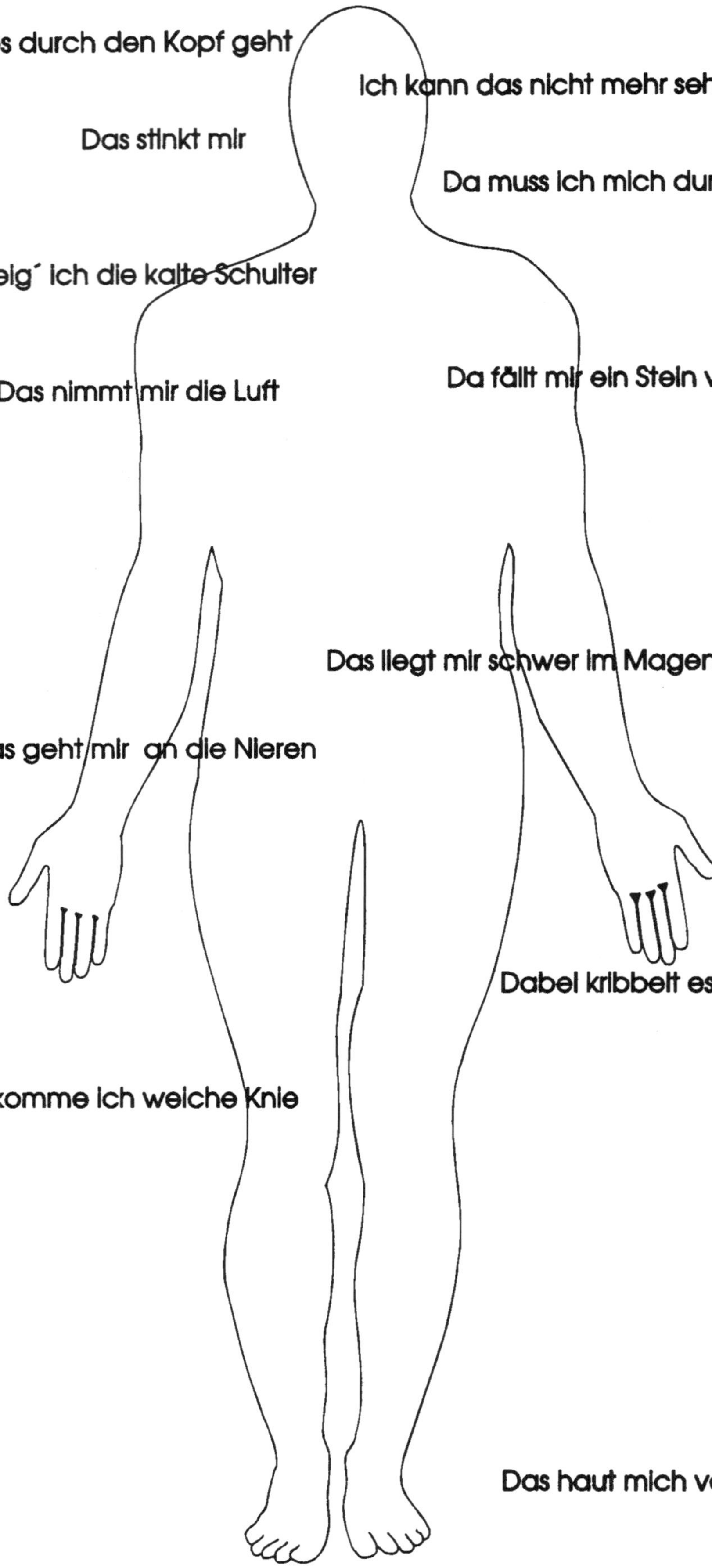

# Lach doch, Gott liebt dich

Text und Musik: Arthur Thömmes

**2. Große Sorgen werden kleiner, und der Kummer legt sich schnell, wenn du schwere Lebenslagen mit Geduld und Hoffnung trägst.**

**3. Traurige Gestalten laufen viele in der Welt herum. Leg ein Lachen auf die Lippen, frohe Menschen stecken an.**

**4. Große, Kleine, Alte, Junge, Menschen, lacht euch wieder an, denn wir brauchen auf der Erde Menschen voller Zuversicht**

Nur noch sechs Minuten am Tag lacht der Deutsche im Durchschnitt, drei Mal so viel wäre die Durchschnittsration. Erwachsene lachen durchschnittlich 15 Mal täglich. Kinder bringen es dagegen auf 400 Mal am Tag, wenn man Kichern, Wiehern, Grölen und alle anderen Formen des Lachens zusammen zählt. Bedenklich finden es die Lachforscher, dass das Lachen bei Erwachsenen immer stärker zurückgeht. Und auch das haben die Forscher herausgefunden: Männer lachen anders und über andere Dinge als Frauen.

Es soll heutzutage wenig zu lachen geben, aber gerade deshalb brauchen wir Zeiten und Orte des Lachens. In Indien wurden vor einigen Jahren Lachclubs ins Leben gerufen. In Asien soll morgendliches Gruppengelächter am Arbeitsplatz und in der Schule die Motivation der Menschen fördern. In England werden mit staatlichen Millionenzuschüssen Lachtherapieprogramme zur Dämpfung der Krankheitskostenexplosion eingesetzt. Es gibt Menschen, deren Fröhlichkeit auf ihre Umwelt ansteckend wirkt. Jede trübe Stimmung hellen sie auf und verbreiten Frohsinn und Heiterkeit. Ihr Lachen ist ehrlich, herzlich, freundlich und offen. Doch es gibt auch Menschen, die es nicht ertragen können, dass andere frohgemut und guter Dinge durch das Leben gehen. Es sind die ungenießbaren und stets verbissenen Zeitgenossen, die uns das Leben schwer machen. Ihr Lachen lebt auf Kosten der Mitmenschen und ist hinterhältig, boshaft, hämisch, sarkastisch, zynisch, spöttisch, schadenfroh und dumm. Lachen ist verräterisch, denn es sagt etwas über die Persönlichkeit des Menschen aus.

Kein Zweifel: Lachen ist gesund. Lachen ist Medizin für Leib und Seele. Es befreit und sprengt gewohnte Ordnungsrahmen. Und es hat eine ansteckende Wirkung und kann eine Kettenreaktion hervorrufen. Wer mit einem Lachen durchs Leben geht, hat mehr davon. Denn jeder Tag, an dem du nicht gelacht hast, ist ein verlorener Tag.

Wann hast du das letzte Mal so richtig gelacht und dich des Lebens gefreut? Oder bist du eher ein Miesepeter und Pessimist, der sich über alles ärgert und überall nur das Unheil und das Schlechte sieht? Haben wir heute in dieser Welt überhaupt noch Grund zum Lachen? Welche Bedeutung hat das Lachen und die Freude am Leben für dich?

# Das Selbstkonzept

(nach Carl Rogers)

Das Selbst oder Selbstkonzept ist eine durch Erfahrung gebildete und sich verändernde Struktur von Wahrnehmungen, Empfindungen und Werthaltungen, die eine Person bezogen auf sich selbst hat. *Es ist das bewusst wahrgenommene Bild von mir selbst.*

Das ***objektive Selbst*** ist das Individuum in seiner Körperlichkeit, mit seinen geistigen und seelischen Möglichkeiten, mit seinen Mustern, Anlagen und Gewohnheiten.
Das ***subjektive Selbst*** bezeichnet die innere Repräsentation des Individuums, also die Wahrnehmungen, Gefühle, Gedanken und Bilder, mit denen sich die Person eine innere Auffassung von sich selbst bildet.

Das Selbstkonzept eines Menschen besteht aus dem Real-Selbst und dem Ideal-Selbst.
Das ***Real-Selbst*** bezeichnet das realistische Selbstbild über meine tatsächlichen Fähigkeiten, Eigenschaften und Verhaltensweisen.
Das ***Ideal-Selbst*** bezeichnet das idealistische Selbstbild, so wie ich gerne sein möchte.

Wir streben nach einer Übereinstimmung zwischen Real-Selbst und Ideal-Selbst, um glücklich und zufrieden leben zu können. Wenn beide zu sehr auseinanderklaffen, entstehen Spannungen, Ängste und Depressionen.
So verhalten wir uns gerne so, wie es unserem Selbstkonzept entspricht
*Eine Person mit dem Selbstkonzept "Ich bin tolerant und habe keine Vorurteile" wird sich in einer Konfliktsituation anders verhalten als eine Person mit dem Selbstkonzept "Ich darf mir nichts gefallen lassen".*
So werden Verhaltensweisen, die mit dem eigenen Selbstkonzept übereinstimmen, gezeigt. Nicht übereinstimmende Verhaltensweisen werden dagegen vermieden. Ähnliches gilt für den Bereich des Erlebens: Gefühle, die mit dem Selbstkonzept übereinstimmen, werden bewusst wahrgenommen und erlebt; nicht übereinstimmende Gefühle werden lieber verdrängt und nicht bewusst wahrgenommen.

Unser Selbstkonzept, unser Bewusstsein über unsere Stärken und Schwächen, Fähigkeiten und Eigenschaften wird von den Mitmenschen und deren Beziehungsbotschaften geprägt. ("Das kannst du gut!", "Das wirst du nie lernen!"). So entsteht ein ***positives bzw. negatives Selbstkonzept***, das nach Carl Rogers vor allem durch die Haltung der ***Wertschätzung*** beeinflusst wird. Das Kind braucht die Zuneigung, Liebe und Wertschätzung ("positive Beachtung"), um sich selbst achten zu können. Diese Wertschätzung darf an keine Bedingung geknüpft sein. Die Person des Kindes wird bedingungslos geachtet und akzeptiert. So entwickelt sich ein hohes Maß an ***Selbstachtung***. Die Person kann sich selbst so sehen, wie sie ist und lernt, auf sein Erleben zu vertrauen und sein Handeln danach auszurichten.

? Lässt sich die Forderung Rogers in der Realität einlösen? Oder müssen Menschen nach ganz anderen Mustern lernen, sich in einer bestimmten Weise zu verhalten, um geliebt und geachtet zu werden? ?

Wertschätzung → Positives Selbstkonzept → Hohe Selbstachtung

Geringschätzung → Negatives Selbstkonzept → Geringe Selbstachtung

# Mein Selbstkonzept

*Wie ich bin / wie ich mich erlebe*

*Wie ich sein möchte*

*Wie andere mich haben möchten*

*Wertschätzung erfahre ich ...*

*Geringschätzung erfahre ich ...*

*Hohe Selbstachtung habe ich entwickelt, weil ...*

*Geringe Selbstachtung habe ich entwickelt, weil ...*

*Daran arbeite ich noch:*

**Überprüfe dein eigenes Selbstkonzept, indem du die Sätze zu Ende schreibst. Das Arbeitsblatt will zur Selbstreflexion, aber auch zum Gruppengespräch anregen.**

# A38

## Was ist emotionale Intelligenz?

(nach Daniel Goleman)

| | |
|---|---|
| 1. | **Die eigenen Gefühle erkennen (Selbst-Bewusstheit)** |
| | Seine Emotionen zu kennen, zu erkennen wie sie entstehen, Gefühle unterscheiden zu können. Nur wer weiß, warum er sich fühlt, wie er sich fühlt, kann bewusst mit seinen Gefühlen umgehen, sie mäßigen und ordnen. |
| 2. | **Mit den eigenen Gefühlen umgehen (Stimmungs-Management)** |
| | Gefühle lassen sich nicht einfach abstellen oder verhindern. Wir können aber Gefühle situationsgerecht steuern und sie managen, um so in angemessener Weise zu reagieren. Was wir aus unseren Gefühlen machen, ob wir sie zum richtigen Zeitpunkt klug und angemessen einsetzen oder nicht, ist eine Frage der emotionalen Intelligenz. |
| 3. | **Vorhandene Potentiale nutzen (Selbst-Motivation)** |
| | Die Fähigkeit, seine Gefühle produktiv zu nutzen und trotz Selbstzweifeln und Impulsivität einem Ziel zusteuern zu können. Wirkliche Leistung erfordert Durchhaltevermögen, Freude am Lernen, Selbstvertrauen und die Fähigkeit, Niederlagen wegzustecken. |
| 4. | **Sich in andere Menschen einfühlen (Empathie)** |
| | Gefühle anderer wahrnehmen zu können, sich auf Hinweise (verbale und nichtverbale) anderer einstellen zu können. Einfühlung in andere bedeutet die Bereitschaft, sich auf Gefühle einzulassen, konzentriert zuzuhören und auch unausgesprochene Gedanken und Gefühle zu erfassen. |
| 5. | **Soziale Beziehungen gestalten** |
| | Wie gut wir mit anderen Menschen auskommen, hängt u.a. von unserer Fähigkeit ab, Beziehungen aufzubauen und zu pflegen, Konflikte zu erkennen und zu lösen, den richtigen Ton in der richtigen Situation und zur richtigen Zeit zu finden und uns auf die Stimmungen des Gegenübers einzustellen. |

## Fragen zum Umgang mit Gefühlen

1. Wie fühlst du dich in diesem Moment?

2. Wie gehst du mit deinen Gefühlen um? Beschreibe eine typische Situation!

3. Welche Gefühle sind für dich sehr angenehm?

4. Welche Gefühle sind für dich unangenehm?

5. Nehmen andere Menschen deine Gefühle wahr und wie gehen sie damit um?

6. Wie reagierst du auf die Gefühlsregungen deiner Mitmenschen?

7. Spielen deiner Meinung nach in der Familie und in der Schule Gefühle eine Rolle?

8. Wie könnten wir lernen, klug und ehrlich mit unseren Gefühlen umzugehen?

Das Glaubensbekenntnis ist das gemeinsame Fundament der Christen. Es ist eine Zusammenfassung der grundlegenden Glaubensinhalte der Christengemeinschaft. Es wird sichtbar, dass ich nicht alleine glaube, sondern in einer Gemeinschaft von Glaubenden.

Ich glaube an einen Gott, der unbegreiflich ist und meinen Verstand übersteigt.

Ich glaube an das Böse im Menschen, denn es macht sich überall breit auf dieser Welt.

Ich glaube an mich selbst und meine Fähigkeiten und Talente

Ich glaube an die große Liebe, die mir eines Tages begegnen wird.

Ich glaube an Jesus, der die Menschen mit ihren Sorgen und Freuden verstanden hat.

Ich glaube an die Liebe meiner Eltern, die mich gelehrt haben, wie ich im Leben zurecht kommen kann.

Ich glaube an nichts, denn alles ist sinnlos.

Ich glaube an mich selbst, denn ich bin der einzige, auf den ich mich wirklich verlassen kann. Ich glaube an die Zukunft und meine Kraft, sie sinnvoll zu gestalten. Ich glaube an das, was für mich nützlich ist.

# Ich glaube

**an Gott, den Vater, den Allmächtigen, den Schöpfer des Himmels und der Erde, und an Jesus Christus, seinen eingeborenen Sohn, unseren Herrn, der empfangen ist vom Heiligen Geiste, geboren von der Jungfrau Maria, gelitten unter Pontius Pilatus, gekreuzigt, gestorben und begraben,hinabgestiegen in das Reich des Todes, am dritten Tage auferstanden von den Toten, aufgefahren in den Himmel,er sitzt zur Rechten Gottes, des allmächtigen Vaters,von dort wird er kommen, zu richten die Lebenden und die Toten.Ich glaube an den Heiligen Geist, die heilige katholische Kirche, Gemeinschaft der Heiligen, Vergebung der Sünden, Auferstehung der Toten und das ewige Leben.**

**Amen**

Manche Christen haben heute große Schwierigkeiten mit den Aussagen des alten, überlieferten Glaubensbekenntnisses. Sie sagen, es sei nicht mehr zeitgemäß. Deshalb versuchen sie, es neu zu formulieren und in andere Worte zu fassen.
Versuche es selbst einmal. Du kannst das kirchliche Glaubensbekenntnis als Grundlage nehmen. Überlege dir dabei:
Was glaube ich? Was von den Glaubenssätzen kann ich noch nachvollziehen?
Was verstehe ich nicht? Wie kann ich es anders ausdrücken?
Du kannst aber auch ein ganz neues, ein ganz persönliches Glaubensbekenntnis formulieren.

# KIRCHE
## pro und contra

| | trifft zu | trifft teilweise zu | trifft nicht zu |
|---|---|---|---|
| 1. Ich bin ein gläubiger Mensch. | | | |
| 2. Für meinen Glauben brauche ich keine Kirche. | | | |
| 3. Die Kirche leistet einen wesentlichen Beitrag zu meinem persönlichen Glück. | | | |
| 4. Die Kirche soll sich für die Außenseiter der Gesellschaft einsetzen. | | | |
| 5. Ich habe Angst, mich öffentlich zur Kirche zu bekennen. | | | |
| 6. Die Kirche soll sich gesellschaftlichen Realitäten anpassen. | | | |
| 7. Die Kirche ist das mahnende Gewissen der Gesellschaft. | | | |
| 8. Ich halte die kirchliche Sexuallehre für sinnvoll.. | | | |
| 9. Frauen sollten zum Priesteramt zugelassen werden.. | | | |
| 10. Ich halte die Ehelosigkeit der Priester für richtig. | | | |
| 11. Ich halte das kirchliche Verbot der künstlichen Empfängnisverhütung für sinnvoll.. | | | |
| 12. Das Geld, das über die Kirchensteuer eingenommen wird, ist sinnvoll angelegt. | | | |
| 13. Ich glaube an die Unfehlbarkeit des Papstes. | | | |
| 14. Ohne die Kirche würde unser Sozialstaat zusammenbrechen. | | | |
| 15. Ich möchte einmal aus der Kirche austreten. | | | |
| 16. Die Kirche hat viel zu bieten. Sie sollte sich nur besser verkaufen. | | | |

| | |
|---|---|
| 17. Gab es für dich eine gute bzw. schlechte Begegnung mit "Kirche"? Beschreibe diese! | |
| 18. Du gründest eine eigene Kirche. Wie sieht sie aus? | |
| 19. Wie könnte die Kirche für Jugendliche wieder attraktiver werden? | |

Arthur Thömmes: ÜberLeben. 88 Arbeitsblätter für den Religionsunterricht, Deutscher Katecheten-Verein, München

# Echte Christen ...

1. ⊙... besuchen regelmäßig Gottesdienste.
2. ⊙... sind gute und hilfsbereite Menschen.
3. ⊙... lieben das Leben.
4. ⊙... opfern sich für andere Menschen auf.
5. ⊙... wissen für jedes Problem eine Lösung.
6. ⊙... stehen ständig unter Druck.
7. ⊙... sind bedauernswerte Menschen.
8. ⊙... sind bescheiden.
9. ⊙... leben mit einer Illusion.
10. ⊙... haben Angst vor dem Tod.
11. ⊙... beten oft.
12. ⊙... glauben an Gott.
13. ⊙... sind wie Clowns, über die man nur lachen kann.
14. ⊙... machen einen erlösten Eindruck.
15. ⊙... haben das Glück, einen Glauben zu haben, der sie trägt.
16. ⊙... lesen häufig in der Bibel.
17. ⊙... sind weltfremd.
18. ⊙... haben es schwerer im Leben als Menschen ohne einen Glauben.
19. ⊙... sind hoffnungslos weltfremd.
20. ⊙... verpassen etwas im Leben.
21. ⊙... haben Freude am Leben.
22. ⊙... sind nicht anders als andere Menschen.
23. ⊙... müssen auf die schönsten Dingen im Leben verzichten.
24. ⊙... leben ständig in der Angst vor einer Sünde.
25. ⊙... könnten die Welt verändern.
26. ⊙... sind zu bewundern, weil sie ein wirkliches Vorbild (Jesus) haben.
27. ⊙... gibt es mit Sicherheit nicht.
28. ⊙...
29. ⊙...

Kreuze 8 Punkte an, die deiner Meinung nach einen echten Christen kennzeichnen.
Erstellt anschließend in der Klasse eine Prioritätenliste und sprecht über die Ergebnisse.

Gott ist eine Illusion. Er wurde von den Menschen erschaffen, damit sie etwas haben, an dem sie sich in der Not festhalten können.

Wenn es Gott nicht gäbe, wäre das ganze Leben sinnlos.

Gott ist wie ein guter und treuer Freund, zu dem ich immer mit all meinen Sorgen gehen kann.

Kein Mensch hat Gott je gesehen. Er ist nicht zu beweisen, also gibt es ihn auch nicht.

An Jesus lässt sich deutlich ablesen, wer Gott ist.

Nach dem Tod kommt nichts mehr - auch kein Gott. Ich bin hier in meinem Leben nur auf mich angewiesen. Ich muss das beste daraus machen.

Wenn ich zu Gott bete, ist das wie eine Erlösung. Ich fühle mich danach gut und befreit.

## ... UND WAS HÄLTST DU VON GOTT?

Vielleicht! Das ist ein ganz wichtiges Wort für mich. Vielleicht gibt es Gott ja doch, obwohl ich ihn nicht beweisen kann. Und wenn ich dann sterbe und klar wird, dass es ihn nicht gibt, dann habe ich wenigstens mit einem Glauben gelebt, der mir eine Hoffnung in meinem Leben gegeben hat.

Gott ist für mich eine Kraftquelle.

Wenn ich mit meinen Freunden zusammen bin und wir etwas unternehmen oder miteinander quatschen, ist das besser als die Vorstellung von einem unsichtbaren Gott, der mir nicht antwortet, wenn ich ihn rufe.

Meine Oma geht fast jeden Tag in die Kirche. Das ist bei ihr schon eine Sucht. Und was hat es ihr gebracht? Sie ist krank und sehr unzufrieden mit ihrem Leben. Da hat Gott ihr nicht geholfen. Also, warum der ganze Unsinn?

Wie beurteilst du die einzelnen Aussagen?
Welche Rolle spielt Gott in deinem Leben?

# GOD IS A DJ

Gott - wer ist das? Wir müssen unsere Fantasie bemühen, um diese Frage zu beantworten. Wir stoßen an die Grenzen unserer Vorstellungskraft und suchen nach Bildern und Symbolen, um Gott zu umschreiben. Und so entsteht im Laufe des Lebens ein Bild, das sich aus vielen Puzzleteilen zusammensetzt. Auch die Erlebnisse und Erfahrungen, die wir machen, prägen unsere Vorstellung von Gott.
Suche nach "Gottesbildern", die die populäre Musik bietet. Hört euch die Lieder gemeinsam an und sprecht darüber.

God is a DJ
(Faithless)

DER NEUE GOTT
(Omph)

Gott tanzte
(DJ Taylor & Flow)

DER HERR KNICKT ALLE BÄUME
(Xavier Naidoo)

# Ein Brief an Gott

**Stell Dir vor, Du könntest mit Gott reden und ihm alles erzählen, was Du auf dem Herzen hast.
Du kannst deine Freude, Deinen ganzen Ärger und Frust ausdrücken.
Versuch es einmal! Schreibe Gott einen Brief!**

Arthur Thömmes: ÜberLeben. 88 Arbeitsblätter für den Religionsunterricht, Deutscher Katecheten-Verein, München

# Gottes Spuren in dieser Welt

"Sie ist nicht von dieser Welt, die Liebe, die mich am Leben hält"
(Xavier Naidoo, Nicht von dieser Welt)

Es fällt uns schwer, Gott zu beschreiben. Uns fehlen die richtigen Worte. Doch wenn wir bewusst durch diese Welt gehen, finden wir Gottes Spuren. Mache dich auf die Suche danach! Vielleicht findest du sie unter den Menschen, in der Natur oder bei einer bestimmten Erfahrung.

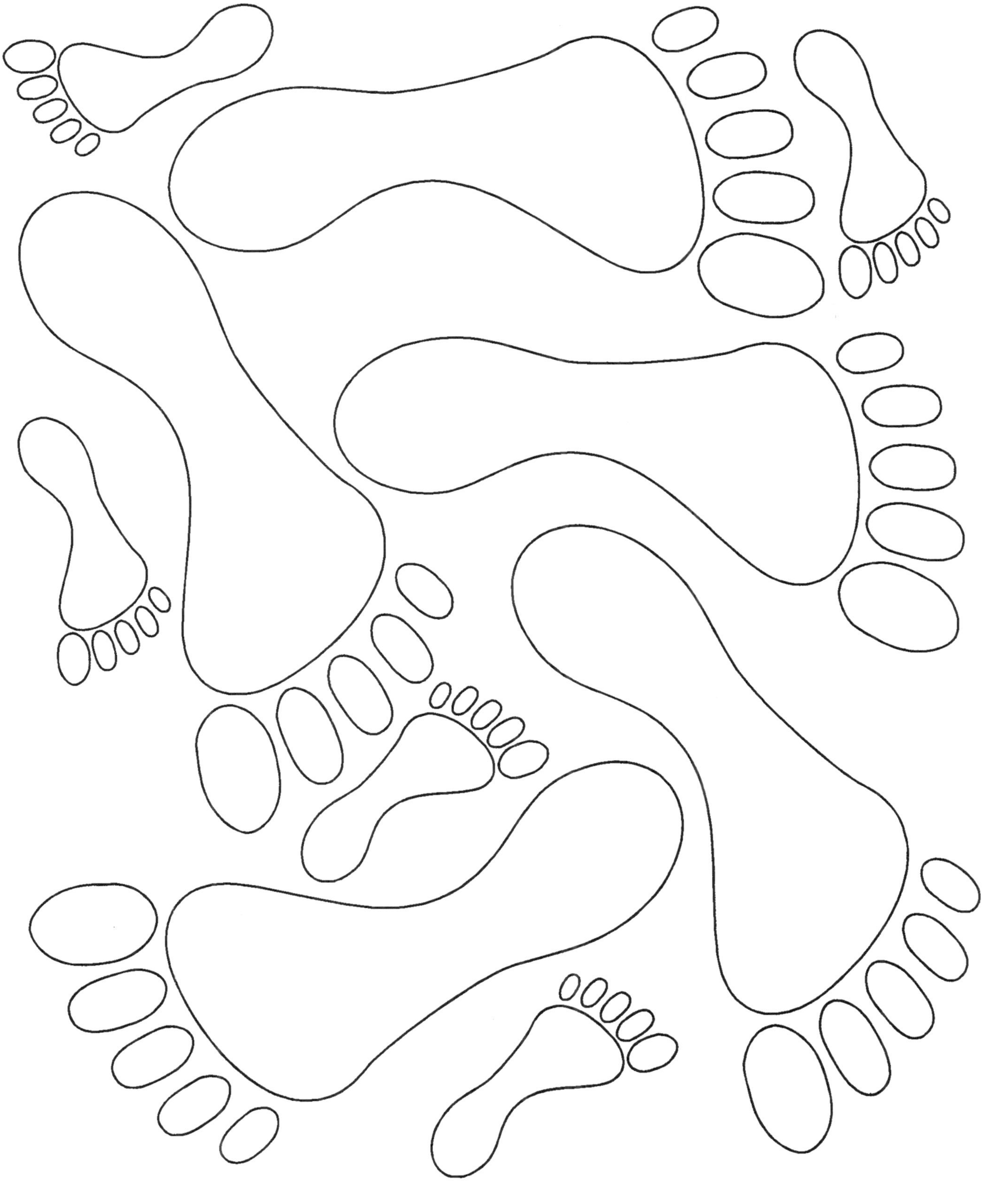

# JESUS - der tut was!

## - Ein Unterrichtsprojekt -

Stellt euch vor, ihr seid ein Team in einer Werbeagentur, das von der Kirche den Auftrag erhalten hat, eine ganz neue Werbekampagne zu entwickeln, um Jesus bei Jugendlichen wieder attraktiv zu machen. Ihr geht in mehreren Schritten vor:

### 1. Jesus - wer war das?

In Kleingruppen macht ihr euch auf die Spuren Jesu und recherchiert im Internet, in Zeitschriften und Büchern. Die Ergebnisse werden auf Plakaten, in Broschüren oder in Multimediashows präsentiert.

- ☞ Die wichtigsten Stationen im Leben Jesu
- ☞ Jesus - sein Programm und seine Botschaft
- ☞ Der Mensch Jesus (Heiler, Wundertäter und Sozialrevolutionär)
- ☞ Jesus - der Sohn Gottes (Die Botschaft der Auferstehung)

### 2. Die Zielgruppe Jugend

Stellt euch vor, diesen Jesus von damals, über dessen Person und Botschaft ihr euch informiert habt, sollt ihr nun der heutigen Jugend näherbringen. Zunächst solltet ihr euch ein Bild über diese Zielgruppe machen. Was ist wichtig für die heutige Jugend? Wie leben, denken und fühlen sie? Was brauchen sie, damit ihr Leben gelingen kann?

### 3. Der Jesus von Damals für eine Jugend heute

Was hat Jesus dieser Jugend zu bieten? Wo gibt es eine Schnittstelle zwischen seinem Programm und den Erwartungen und dem Lebensgefühl junger Menschen?

Entwerft in Kleingruppen aussagekräftige Werbeaussagen. Dies kann wieder in Form von Plakaten, Flyers, Videospots, Werbeanzeigen, Werbespots oder multimedialen Shows umgesetzt werden. Lasst eurer Phantasie und Kreativität freien Lauf.

### 4. Die Präsentation

Eure Ergebnisse könnt ihr in der Klasse, im Aufenthaltsraum der Schule oder sogar in einem Gottesdienst der Gemeinde vorstellen.

**MY JESUS - every time a good time!**

# A47 JESUS ZU BESUCH IN DEINER CLIQUE

Stell Dir vor, da taucht eines Tages einer in Deiner Clique auf, der behauptet, Jesus zu sein. Er wolle nur mal reinschauen, sagt er. Mal sehen, was die heutige Jugend von ihm hält und wie sie über ihn denkt. Er kenne das ja schon, dass man ihn ablehne und viele Vorurteile die Runde machen. Er habe auch heute noch was zu sagen, behauptet er. Er sei praktisch zeitlos, immer „in".

Na ja, wollen wir mal sehen, was er so drauf hat. Vielleicht hat er uns doch was zu sagen?! Jesus sozusagen auf dem heißen Stuhl. Dies soll ein Vorschlag für ein Rollenspiel sein. Vielleicht kann der Fachmann bzw. die Fachfrau „Relilehrer" die Rolle des Jesus übernehmen.

Und da sind noch andere Typen beteiligt.

**Hans** ist ein Punk. Das heißt, er fühlt sich solidarisch mit der Punkideologie. Rumhängen und Gott einen guten Mann sein lassen. Schnorren ist seine Hauptbeschäftigung. Arbeit und Schule lehnt er ab. Vielleicht hat Jesus ihm was zu bieten.

Und da ist noch **Heinrich**. Er meint, dass wieder mal einer kommen müsste, der so richtig aufräumt und Ordnung schafft. So wie es jetzt ist, kann es nicht weitergehen. Wir brauchen wieder einen Führer. Vielleicht hat Jesus ja doch was in der Richtung drauf?!

**Maria** ist ein wenig sensibel. Sie denkt viel über ihr Leben und den Sinn desselben nach. Jedes Wort und jede Handlung legt sie auf die Goldwaage. Sie ist auf der Suche und dankbar für jede Anregung. Mal sehen, was Jesus ihr zu bieten hat.

**Mark** ist deprimiert. Das Leben hat für ihn keinen Sinn. Seine innere Einstellung trägt er logisch nach außen. Schwarz ist seine Kleidung und auch sein Haar - genau wie seine Einstellung zum Leben. Kann Jesus ihn aus seiner Lebensmüdigkeit herausziehen?

**Sabine** ist ein lebenslustiges junges Mädchen. Spaß heißt ihre Devise. Alles nehmen, was das Leben zu bieten hat. Nicht anecken, nur leben. Probleme sieht sie keine. Will Jesus ihr das ausreden? Kennt er überhaupt Spaß und alles, was damit zusammenhängt?

Nun, alle diese Leute unterhalten sich mit Jesus, heute - hier und jetzt. Was wird wohl dabei herauskommen? Ist er wirklich o.k. oder einfach ein Spießer aus lang vergangener Zeit, der uns heute nichts mehr zu sagen hat. Das Rollenspiel kann beginnen.

Dies ist eine Anleitung zu einem Rollenspiel, mit dessen Hilfe ihr euch fragen könnt: Wer ist Jesus? Welche Bedeutung hat er heute noch für mein Leben? Lest den Text und sprecht über die Situation! Verteilt anschließend die Rollen. In einer kurzen Vorbereitungszeit bereiten sich die einzelnen Spieler auf ihre Rolle vor. Dann kann es los gehen. Die Zuschauer beobachten kritisch den Verlauf des Spiels und können in der anschließenden Reflexion die Personen befragen.

# Der gute Hirt oder Ich bin mein eigener Chef

(Psalm 23)

| | |
|---|---|
| 1. Der Herr ist mein Hirt:<br>nichts fehlt mir. | 1. Ich bin mein eigener Chef.<br>Mir fehlt alles.<br>Von nichts habe ich genug.<br>Nur Probleme und Ärger habe ich massenweise. |
| 2. Auf saftigen Weiden<br>lässt er mich lagern.<br>Zum Ruheplatz am Wasser<br>führt er mich,<br>meine Lebenskraft bringt er zurück. | 2. Immer nur arbeiten und schuften.<br>Der Stress macht mich noch kaputt. |
| 3. Er führt mich auf Wegen<br>der Wahrheit und Gerechtigkeit-<br>zur Ehre Seines Namens. | 3. Manchmal gehe ich fast drauf,<br>so strample ich mich ab.<br>Nie weiß ich genau, welchen Weg ich gehen soll, denn fast alle Wege führen in eine Sackgasse. |
| 4. Auch wenn ich gehen müsste<br>durch Schluchten der Finsternis<br>und des Todes:<br>Ich fürchte kein Unheil,<br>denn du gehst mit mir.<br>Deine Keule wehrt meine Feinde ab,<br>und dein Stab zwingt mich<br>auf den rechten Weg.<br>Das tröstet mich. | 4. Und wenn ich auf der Fresse liege,<br>komme ich kaum mehr auf,<br>denn niemand reicht mir die Hand,<br>um mir aufzuhelfen.<br>Ich bin alleine auf mich gestellt. |
| 5. Du deckst den Tisch<br>vor meinen Augen<br>im Angesicht derer,<br>die mich bedrängen.<br>Du salbst mein Haupt mit Öl;<br>mein Becher wird nicht leer. | 5. Mit den Ellenbogen verschaffe ich mir meinen Weg,<br>denn die Konkurrenz ist groß.<br>Im Leben wird mir nichts geschenkt.<br>Alles muss ich mir selbst erarbeiten. |
| 6. Nur Gutes und seine Treue<br>verfolgen mich<br>alle Tage meines Lebens. | 6. Mein ganzes Leben ist ein Kampf.<br>Ich muss ständig auf der Lauer liegen,<br>um zu überleben.<br>Wie wird das noch enden? |

(Schöttler/Niehl)

# A49 ☞ Auf dem Markt der Sinnstifter ☜

Stellt euch vor, ihr seid auf einem Jahrmarkt, einem Markt der Sinnstifter. Es gibt viele Angebote, die den Menschen helfen wollen, mit ihrem Leben klar zu kommen und glücklich zu werden. Einer will den anderen überbieten und jeder preist seine Ware als die beste an. Da wird natürlich Belastendes, Negatives und Nachteiliges geschickt verschwiegen. Die Vorteile stehen im Vordergrund. Doch die Marktbesucher sind kritisch. Sie hinterfragen die Angebote und überprüfen sie auf ihre Nützlichkeit. Jeder von euch gehört einer solchen Gruppe an. Mit Hilfe unterschiedlicher Medien könnt ihr euch mit dem jeweiligen Thema vertraut machen (Bücher, Zeitschriften, Filme, Internet) und sie anschließend auf einem Markt der Möglichkeiten präsentieren. Bei der Präsentation könnt ihr euch ein Medium auswählen, das euren Talenten und Fähigkeiten entspricht (Collage, Overheadfolie, Power Point, Dias, Film, Lied, Musik, u.a.). Ihr habt .... Stunden Zeit für die Vorbereitung.
Folgende Sinnstifterangebote können ausgewählt werden:

## Die Weltreligionen:

- ❍ Christentum
- ❍ Judentum
- ❍ Islam
- ❍ Buddhismus
- ❍ Hinduismus

## Kulte und Sekten:

- ❍ Zeugen Jehovas
- ❍ VPM
- ❍ Fiat Lux
- ❍ Scientology
- ❍ Satanismus
- ❍ Okkultismus
- ❍ Astrologie
- ❍ Universelles Leben
- ❍ Anthroposophie
- ❍ Mormonen
- ❍ Psychosekten
- ❍ Alternativmedizin

# Die WG-Kandidaten

Du wohnst in einem Zweifamilienhaus bei deinen Eltern. Da eine Etage frei wird, stellen deine Eltern sie dir zur Verfügung. Du möchtest aber nicht alleine wohnen und eine Wohngemeinschaft gründen. Auf deine Zeitungsanzeige melden sich einige Bewerber. Da du nur 5 WG-Bewohner aufnehmen willst, musst du auswählen. Wähle 5 Personen aus, die du am liebsten als Mitbewohner hättest. Begründe deine Wahl. (Nenne auch 5 Personen, die du auf keinen Fall als WG-Mitbewohner haben möchtest.)

1. **Kurt** ist Student. Er studiert Betriebswirtschaft im letzten Semester. Er möchte in Ruhe arbeiten und ist allergisch gegen Lärm und Störungen.

2. **Frank** ist arbeitslos. Am liebsten hängt er den ganzen Tag in der Gegend herum, schaut sich Videos an und schläft morgens lange. Seinen Hund bezeichnet er als seinen besten Freund.

3. **Maria** ist Musikstudentin. Sie muss mindestens 5 Stunden am Tag auf ihrer Geige üben.

4. **Tim** ist aus Rumänien geflüchtet und hat in Deutschland Asyl beantragt. Er darf nicht arbeiten und wartet auf seine Anerkennung.

5. **Yvonne** ist behindert. Sie sitzt in einem Rollstuhl. Sie will von zu Hause ausziehen und ein selbstständiges Leben führen. Allerdings müsste die Wohnung dann behindertengerecht umgebaut werden.

6. **Harry** ist DJ und arbeitet abends und nachts. Tagsüber braucht er seine Ruhe. Er bekennt sich zu seiner Homosexualität und bekommt häufig Besuch von seinem Freund.

7. **Bob** kommt aus Ghana. Er hat eine schwarze Hautfarbe. Er möchte wegen ausländerfeindlicher Übergriffe in seiner bisherigen Wohngegend den Stadtteil wechseln.

8. **Doris** arbeitet in einer Bank. Sie macht einen ordentlichen und fleißigen Eindruck.

9. **Claudia** liebt Partys. Am liebsten macht sie die Nacht zum Tag. Dass es dabei wegen der vielen Besucher ein wenig eng werden könnte, nimmt sie gerne in Kauf.

10. **Viktor** ist Aussiedler. Er stammt aus Russland und macht eine Lehre als Fleischer.

11. **Anna** macht keine genauen Angaben über sich. Sie ist 16 Jahre alt und will nur weg von zu Hause. Die spießigen Eltern, die die Miete bezahlen wollen, nerven sie.

12. **Daniela** bezeichnet sich als Grufftie. Ihr Outfit ist ganz in schwarz gehalten. Sie deutet an, dass bestimmte Rituale zu ihrer Lebenseinstellung gehören.

13. **Bodo** lebte bisher auf der Straße und hing an der Nadel. Nach einer Kur fühlt er sich nun dazu fähig, ein ordentliches Leben zu führen. Das Sozialamt übernimmt die Mietkosten.

14. **Daniel** saß 3 Jahre im Knast. Warum? Das will er noch nicht sagen. Er ist bereit, sein Leben in neue Bahnen zu lenken. Voraussetzung ist zunächst ein fester Wohnsitz. Eine Arbeit will er sich noch suchen.

# Der Klassenvertrag

1.

2.

3.

4.

5.

6.

7.

8.

9.

10.

Unterschriften:

# A52 Ich schenke dir ein gutes Wort

Manche Menschen wissen nicht,
dass ihre Nähe Wunder wirkt.

Manche Menschen wissen nicht,
dass ihre Worte trösten und ermuntern.

Manche Menschen wissen nicht,
dass ihr Lächeln die Traurigkeit wegweht.

Manche Menschen wissen nicht,
dass ihr Anblick erfreut.

Manche Menschen wissen nicht,
dass ihre Zuwendung leben lässt.

Manche Menschen wissen nicht,
dass ihre Meinung gefragt ist.

Manche Menschen wissen nicht,
dass ihre Sicht der Dinge neue Welten erschließt.

Manche Menschen wissen nicht,
dass ohne sie die Welt ein Stück ärmer wäre.

Manche Menschen wissen es nicht,
weil es ihnen keiner sagt.

Ich schenke dir ein gutes Wort

Ich schenke dir ein gutes Wort

Ich schenke dir ein gutes Wort

Ich schenke dir ein gutes Wort

Ich schenke dir ein gutes Wort

Ich schenke dir ein gutes Wort

Betrachte das Bild in Ruhe und lass es auf dich wirken.
Beschreibe, was du siehst. Welchen Titel gibst du dem Bild?
Welche Aussage für dich und dein Leben erkennst du?
Formuliere diese kurz und treffend.

# A54 *Wenn ich an den Tod denke, dann ...*

- ❍ habe ich Angst
- ❍ denke ich an verstorbene Freunde, Verwandte und Bekannte
- ❍ verdränge ich schnell diesen Gedanken
- ❍ habe ich bestimmte Bilder im Kopf
- ❍ beginne ich zu beten
- ❍ bin ich sprachlos
- ❍ bin ich zuversichtlich
- ❍ denke ich: Das trifft mich ja noch nicht
- ❍ denke ich an Krankheit
- ❍ werde ich wütend
- ❍ denke ich an Trauer und Leid
- ❍ bekomme ich Albträume
- ❍ denke ich: Irgendwie geht es schon weiter
- ❍ weiß ich: Danach ist alles aus
- ❍ denke ich an die Auferstehung
- ❍ hoffe ich auf eine Wiedergeburt
- ❍
- ❍

**Der Tod ist ein Tabuthema. Am liebsten verdrängen wir die Gedanken daran. Doch er ist eine Realität, die uns täglich umgibt. Wie geht es dir, wenn du an den Tod denkst? Versucht mit Hilfe der vorgegebenen Antworten darüber zu sprechen.**

A55

# Wenn ich nur noch einen Tag zu leben hätte, würde ich ...

- ❑ mich mit Freunden treffen
- ❑ so tun als wäre nichts passiert
- ❑ noch einmal so richtig feiern
- ❑ alles zerstören, was mir in den Weg käme
- ❑ mich verzweifelt zurückziehen und heulen
- ❑ einem bestimmten Menschen richtig die Meinung sagen
- ❑ viel Spaß haben
- ❑ meine Bestattung vorbereiten
- ❑ beten
- ❑ mir die Frage stellen: Was kommt danach?
- ❑ Musik hören
- ❑ einen ausgiebigen Einkaufsbummel machen
- ❑ große Angst haben
- ❑ Selbstmord begehen
- ❑ den letzten Tag genießen
- ❑ mich bei Menschen entschuldigen, die ich verletzt habe
- ❑
- ❑

Und was würdest du tun, wenn dieser Tag dein letzter wäre?

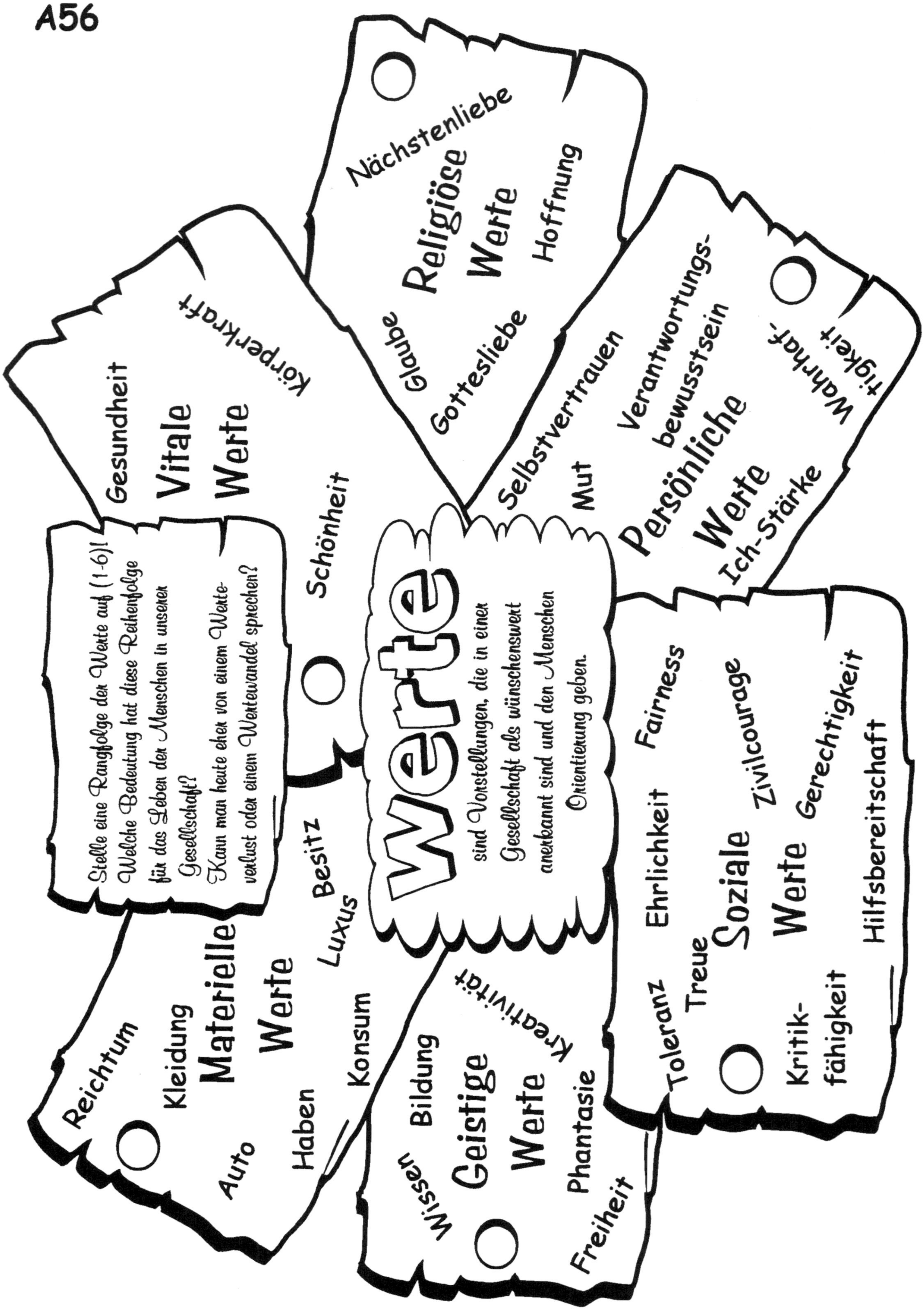
Religiöse Werte
Nächstenliebe
Hoffnung
Glaube
Gottesliebe
Persönliche Werte
Verantwortungs-bewusstsein
Wahrhaf-tigkeit
Selbstvertrauen
Mut
Ich-Stärke
Vitale Werte
Körperkraft
Gesundheit
Schönheit
Werte
sind Vorstellungen, die in einer Gesellschaft als wünschenswert anerkannt sind und den Menschen Orientierung geben.
Stelle eine Rangfolge der Werte auf (1-6)!
Welche Bedeutung hat diese Reihenfolge für das Leben der Menschen in unserer Gesellschaft?
Kann man heute eher von einem Werteverlust oder einem Wertewandel sprechen?
Soziale Werte
Fairness
Zivilcourage
Gerechtigkeit
Hilfsbereitschaft
Ehrlichkeit
Treue
Toleranz
Kritik-fähigkeit
Materielle Werte
Besitz
Luxus
Konsum
Reichtum
Kleidung
Haben
Auto
Geistige Werte
Kreativität
Bildung
Phantasie
Wissen
Freiheit

# BIST DU EIN GUTER MENSCH?

***1. Du siehst auf der Straße, wie ein wehrloser Mensch verprügelt wird.***
a. Ich helfe ihm und riskiere gegebenenfalls ein blaues Auge.
b. Ich laufe lieber weg. Sollen doch andere helfen.
c. Der ist doch selber schuld.

***2. Freunde wollen dich zu einem Einbruch überreden.***
a. Das Leben ist immer ein Risiko.
b. Das würde ich nie tun.
c. Ich würde versuchen, sie davon zu überzeugen, dass dies eine Straftat ist.

***3. Ein Behinderter fällt mit seinem Rollstuhl um.***
a. Der soll selbst sehen, wie er wieder aufkommt.
b. Ich würde sofort hinlaufen und ihm helfen.
c. Ich warte ab, ob jemand anderes reagiert. Dann helfe ich vielleicht. ...

***4. Neben dir fällt ein dir unbekannter Mensch bewusstlos um.***
a. Ich gehe schnell weiter.
b. Ich versuche Erste Hilfe zu leisten.
c. Ich rufe den Notarzt.

***5. Deine Schwester hat einen Ausländer als Freund.***
a. Das lehne ich ab. Ich werde sie davon überzeugen, dass das nicht gut geht.
b. Zusammen mit Freunden werde ich ihn verprügeln.
c. Ich will ihn kennenlernen, um mir ein Urteil zu bilden.
d. Ich habe nichts gegen Ausländer.

***6. Du erfährst von deinem Arzt, dass du nur noch ein halbes Jahr zu leben hast.***
a. Ich werde rücksichtslos und ausgelassen das Leben genießen.
b. Ich ziehe mich zurück und leide.
c. Ich werde die Zeit sinnvoll gestalten.
d. Ich werde Trost und Hilfe im Glauben suchen.

***7. Ein Freund erzählt dir, dass er von zu Hause abhauen will.***
a. Ich spreche mit seinen Eltern.
b. Ich versuche, es ihm auszureden.
c. Ich würde am liebsten mitgehen.

***8. In deiner Clique wird über andere hergezogen und schlecht geredet.***
a. Das macht Spaß. Die anderen reden ja auch über mich.
b. Das ist ganz normal.

A58

# HITPARADE DER WERTE

Welche Werte sind für dich und dein Leben wichtig?
Erstelle eine persönliche Prioritätenliste (1-8)!
Zählt die Einzelnennungen und übertragt sie in die Gruppen-Rangfolge!

| Persönliche Rangfolge | Gruppen-Rangfolge | | |
|---|---|---|---|
| ❑ | ❑ | **A** | **Ehrlichkeit** |
| ❑ | ❑ | **B** | **Gerechtigkeit** |
| ❑ | ❑ | **C** | **Freundlichkeit** |
| ❑ | ❑ | **D** | **Freiheit** |
| ❑ | ❑ | **E** | **Treue** |
| ❑ | ❑ | **F** | **Verantwortung** |
| ❑ | ❑ | **G** | **Leistung** |
| ❑ | ❑ | **H** | **Fleiß** |
| ❑ | ❑ | **I** | **Toleranz** |
| ❑ | ❑ | **J** | **Sparsamkeit** |
| ❑ | ❑ | **K** | **Pünktlichkeit** |
| ❑ | ❑ | **L** | **Disziplin** |
| ❑ | ❑ | **M** | **Solidarität** |
| ❑ | ❑ | **N** | **Hilfsbereitschaft** |
| ❑ | ❑ | **O** | **Glaube** |
| ❑ | ❑ | **P** | **Zuverlässigkeit** |
| ❑ | ❑ | **Q** | **Bescheidenheit** |
| ❑ | ❑ | **R** | **Zivilcourage** |
| ❑ | ❑ | **S** | **Sauberkeit** |
| ❑ | ❑ | **T** | **Ordnung** |
| ❑ | ❑ | **U** | **Rücksichtnahme** |
| ❑ | ❑ | **V** | **Dankbarkeit** |
| ❑ | ❑ | **W** | **Reichtum** |

# A59 Heldinnen und Helden des Alltags

### Geschichten zum Nach- und Weiterdenken

Wie jeden Tag verließ Markus am Morgen sein Elternhaus. Müde und verträumt schlenderte er zur Bushaltestelle. Immer die gleichen Gesichter. Immer der gleiche Trott. Keine Action in diesem tristen Leben. Manchmal träumte er davon, der Held zu sein, der eingreift und die Menschheit rettet, so wie die Helden im Film. Von einem lauten Schrei wurde er aus seinen Gedanken gerissen. Zwei Kerle zerrten an der Handtasche einer alten Frau. Was nun?
...

Das Gehen fiel ihr sehr schwer. Von Geburt an war ihr rechtes Bein kürzer als das linke. Und es war total verdreht. Sie hatte gelernt damit zu leben. Doch ihre Umwelt scheinbar nicht. Und jetzt wieder dieser Spießrutenlauf, den sie schon so oft erlebt hatte. Sie kam an eine neue Schule, in eine neue Klasse. Und wieder starrten sie alle an und tuschelten hinter vorgehaltener Hand. Zum Glück lachte niemand, aber sie spürte die mitleidigen Blicke. Wo sollte sie sich hinsetzen? Da kam ein Mädchen auf sie zu.
...

Er war cool. Das wusste er. Er war beliebt. Davon war er überzeugt. Er war schön. Das sah er jeden Tag oft genug im Spiegel. Die Mädchen liefen ihm in Scharen nach. Das rief natürlich viele Neider auf den Plan. Gut durchgestylt betrat er die Disco und wartete wie immer. Sie würden von selbst auf ihn zukommen. Er brauchte sich nie anzustrengen. Doch heute Abend sollte alles anders laufen. Eine hübsche Blonde näherte sich ihm und fing an zu kreischen: “Du blöder Kerl. Jetzt reicht es mir mit dir. Du kannst mich nicht einfach fallen lassen wie eine heiße Kartoffel.” Hinter ihr tauchte ein kräftiger Kerl auf, der ihn am Kragen packte und zuschlug. Was jetzt?
...

Er fühlte sich wohl bei seinen Kumpels. Da war er anerkannt. Ausländer kloppen, das war für sie eine sportliche Betätigung. Sie warteten regelrecht darauf, Türken oder Italiener auf der Straße zu treffen. Und dann nichts wie drauf. Man hatte ihm gesagt, dass sie kein Recht hätten, in unserem Land zu leben. Auch sein Vater bestätigte ihm: “Die sollen dahin zurück, wo sie her kommen!” Doch diesmal fühlte er sich nicht ganz wohl in seiner Haut. Sie wollten zum Asylantenheim und dort Rabatz machen. Fred zündete gerade eine Fackel an, um sie in ein Fenster zu werfen. Was sollte er tun? War das noch richtig?
...

**Schreibt die Geschichten zu Ende und vergleicht die unterschiedlichen Ergebnisse miteinander! Erzählt euch selbst Geschichten, wie ihr sie gehört und erlebt habt - Geschichten von "Heldinnen und Helden des Alltags", denn es gibt sie wirklich noch. Vielleicht bist auch du eine/r?!**

Arthur Thömmes: ÜberLeben. 88 Arbeitsblätter für den Religionsunterricht, Deutscher Katecheten-Verein, München

# ZIVILCOURAGE

Wer nichts tut, macht mit.

Nicht nur hören und reden, sondern handeln

Gemeinsam für Menschlichkeit und Toleranz

Wir stehen auf und mischen uns ein - Wir lassen das nicht zu!

Nicht wegschauen hinschauen!

# Nächstenliebe

Vergrößert das Arbeitsblatt und gestaltet es mit Texten und Bildern zu einem aussagekräftigen Plakat!

**Kreuze die 5 Punkte an, die für dein Leben am wichtigsten sind!**
**Streiche die 5 Punkte durch, die du für unwichtig hältst!**

1. ❑ dass ich viel Geld verdiene
2. ❑ dass ich feste Grundsätze habe
3. ❑ dass ich gut aussehe
4. ❑ dass ich gesund bin
5. ❑ dass ich offen meine Meinung sagen kann
6. ❑ dass ich Menschen habe, die mir zuhören
7. ❑ dass ich einen festen Lebenspartner habe
8. ❑ dass ich eine Familie habe
9. ❑ dass ich Freunde habe
10. ❑ dass ich viel Freizeit habe
11. ❑ dass ich in einer gesunden Umwelt lebe
12. ❑ dass ich viel in der Welt herumkomme
13. ❑ dass ich selbstsicher auftreten kann
14. ❑ dass die wirtschaftlichen und politischen Verhältnisse sicher bleiben
15. ❑ dass es Menschen gibt, die mich lieben
16. ❑ dass ich so viel Geld habe, dass ich nicht mehr arbeiten muss
17. ❑ dass ich glücklich bin
18. ❑ dass ich Kinder habe
19. ❑ dass ich ein gutes Verhältnis zu meinen Eltern habe
20. ❑ dass ich einen Glauben habe, der mein Leben trägt
21. ❑ dass ich ein eigenes Haus besitze
22. ❑ dass ich bei meinen Freunden anerkannt bin
23. ❑ dass ich etwas ganz Besonderes leiste
24. ❑ dass ich mir kaufen kann, was ich will
25. ❑ dass ich unabhängig bin
26. ❑ dass ich zufrieden bin mit dem, was ich habe und bin
27. ❑ dass ich beruflich Karriere mache
28. ❑ dass meine Existenz gesichert ist
29. ❑ dass ich alt werde
30. ❑
31. ❑
32. ❑
33. ❑
34. ❑

# Die Zehn Gebote

Ich bin dein Gott, der dich befreit hat:

1. Du sollst keine anderen Götter neben mir haben.
2. Du sollst den Namen Gottes nicht missbrauchen.
3. Du sollst den Tag des Herrn heiligen.
4. Du sollst Vater und Mutter ehren.
5. Du sollst nicht töten.
6. Du sollst nicht ehebrechen.
7. Du sollst nicht stehlen.
8. Du sollst nicht falsch aussagen gegen deinen Nächsten.
9. Du sollst nicht begehren die Frau deines Nächsten.
10. Du sollst nicht begehren das Gut deines Nächsten.

( Kurzfassung nach Ex 20, 1-21 und Dtn 5,6-22)

1. Welche Bedeutung haben die Zehn Gebote für dich und dein Leben?
2. Könnten sie eine Hilfe für das Zusammenleben der Menschen sein?

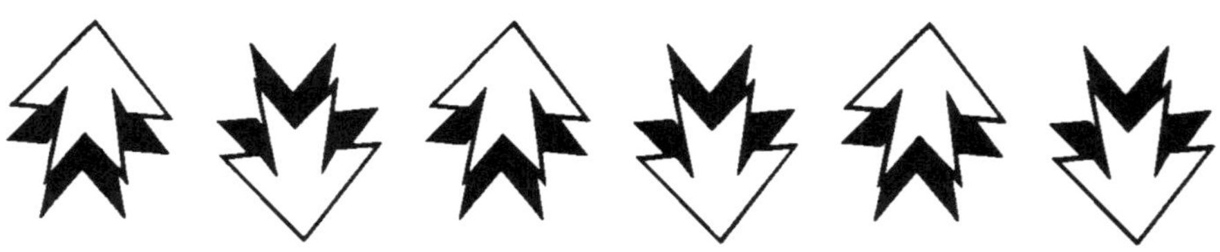

## Die neuen Gebote?!

1. Du darfst dich nur nicht erwischen lassen!
2. Denke immer an dich. Was gehen dich die anderen an.
3. Sei dir keiner Schuld bewusst!
4. Tu Gutes und rede darüber und verschweige das Schlechte!
5. Wehr dich und lass dir nichts gefallen!
6. Was du nicht willst, was man dir tu,
   das füg´ doch einfach andern zu!
7. Nur mit Unehrlichkeit kommst du vorwärts!
8. Achte darauf, dass du immer deinen Vorteil im Blick hast!
9. Versuche stark zu sein, denn die Schwachen gehen unter!
10. Mache die Ellenbogen zu deinem wichtigsten Körperteilen!
11. Stelle dich selbst und dein Leben in den Mittelpunkt!
    Nur so bist du erfolgreich.
12.
13.
14.
15.

1. Sind das die Gebote unserer Zeit? Fallen dir noch weitere Formulierungen ein?
2. Welche Bedeutung haben diese “neuen Gebote” für das Zusammenleben der Menschen?

Kompass ** Entscheidungshilfen ** Gewissen ** Wegweiser ** Innere Stimme ** Alarmanlage ** Antenne

Arthur Thömmes: ÜberLeben. 88 Arbeitsblätter für den Religionsunterricht, Deutscher Katecheten-Verein, München

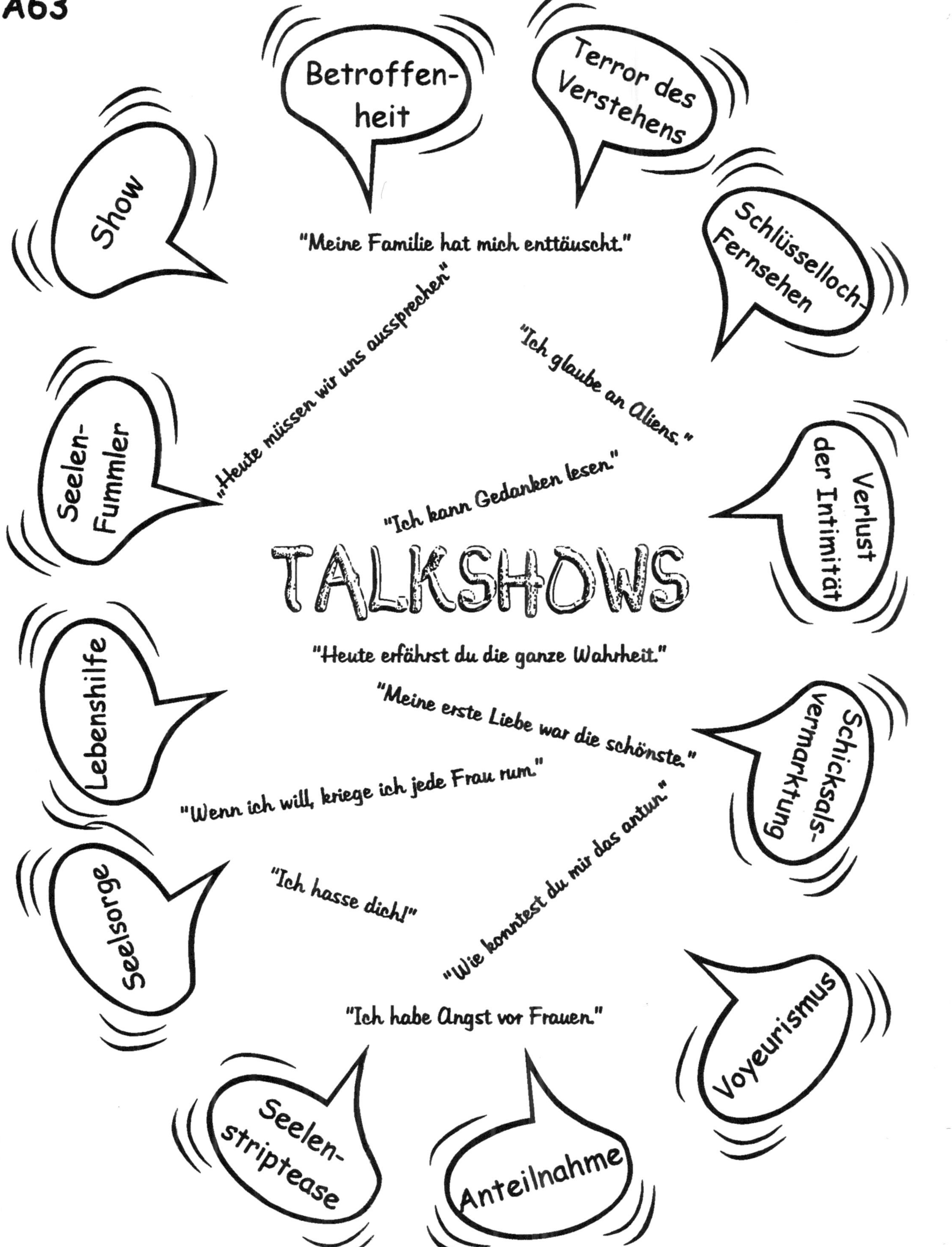


Welche Talkshows schaust du dir an? Warum sind Talkshows so erfolgreich?
Welches der oben genannten Stichworte trifft deiner Meinung nach auf Talkshows zu?
Inszeniert selbst eine Talkshow über Talkshows!

# A64 Der wilde Frieden

Erläutert die Vokabeln des wilden Friedens mit Worten, pantomimisch oder im Rollenspiel

Gerüchte

Lügen

Ausgrenzung

Beleidigung

Ablehnung

Demütigung

Isolierung

Liebesentzug

Trennungsterror

Vernachlässigung

Autoritätsausübung

Nichtbeachtung

Verwahrlosung

Belästigung

Schadenfreude

Vorurteile

Erpressung

Bedrohung

Zurechtweisung

Abhängigkeit

Macht

Beschuldigungen

Abwertung

Konkurrenzkampf

**FOLGEN** → **Angst, Resignation, Unsicherheit, Minderwertigkeitsgefühl, Misstrauen, Verzweiflung, Kontaktschwierigkeiten, Handlungsunfähigkeit, Einsamkeit, Wut, Frustration, Ohnmacht**

# A65 Der wahre Frieden

Erläutert die Vokabeln des wahren Friedens mit Worten, pantomimisch oder im Rollenspiel

Anerkennung

Lob

Integration

Anteilnahme

Nähe

Orientierungshilfe

Nestwärme

Freundschaften

Solidarität

Zuhören

Achtung

Respekt

Toleranz

Wertschätzung

Selbstbeherrschung

Bezugspersonen

Nächstenliebe

Hilfsbereitschaft

Ehrlichkeit

Gemeinschaft

Rücksichtnahme

Behutsamkeit

Anerkennung

Vertrauen

**FOLGEN** → Selbstwertgefühl, Optimismus, Lebensmut, stabile Identität, Ausgeglichenheit, Glück, Zufriedenheit, Zuversicht, Sicherheit, Erfolgserlebnisse

Wenn ich in den Sprachen der Menschen und Engel redete, hätte aber die Liebe nicht, wäre ich dröhnendes Erz oder eine lärmende Pauke. Und wenn ich prophetisch reden könnte und alle Geheimnisse wüsste und alle Erkenntnis hätte; wenn ich alle Glaubenskraft besäße und Berge damit versetzen könnte, hätte aber die Liebe nicht, wäre ich nichts. Und wenn ich meine ganze Habe verschenkte, und wenn ich meinen Leib dem Feuer übergäbe, hätte aber die Liebe nicht, nützte es mir nichts. Die Liebe ist langmütig, die Liebe ist gütig. Sie ereifert sich nicht, sie prahlt nicht, sie bläht sich nicht auf. Sie handelt nicht ungehörig, sucht nicht ihren Vorteil, lässt sich nicht zum Zorn reizen, trägt das Böse nicht nach. Sie freut sich nicht über das Unrecht, sondern freut sich an der Wahrheit. Sie erträgt alles, glaubt alles, hofft alles, hält allem stand. Die Liebe hört niemals auf.

*1.Kor 13,1-8*

# Liebe ist ...

Keine Freude
Keine Träne
Ohne Liebe

Keine Seele
Keine Wärme
Ohne Liebe

Keine Träume
Keine Lieder
Ohne Liebe

Keine Schöpfung
Kein Vertrauen
Ohne Liebe

Kein Glaube
Kein Verzeihen
Ohne Liebe

Kein Vergeben
Kein Teilen
Ohne Liebe

Kein Geben
kein Achten
ohne Liebe

Kein Feiern
Kein Leben
Ohne Liebe

*(PUR, Kopf frei)*

Verzaubert hast du mich, / meine Schwester Braut; / ja verzaubert mit einem (Blick) deiner Augen, / mit einer Perle deiner Halskette. Wie schön ist deine Liebe, / meine Schwester Braut; wieviel süßer ist deine Liebe als Wein, / der Duft deiner Salben köstlicher / als alle Balsamdüfte. Von deinen Lippen, Braut, tropft Honig; / Milch und Honig ist unter deiner Zunge. Der Duft deiner Kleider ist wie des Libanon Duft. Ein verschlossener Garten ist meine Schwester Braut, / ein verschlossener Garten, / ein versiegelter Quell. Ein Lustgarten sprosst aus dir, / Granatbäume mit köstlichen Früchten, / Hennadolden, Nardenblüten, Narde, Krokus, Gewürzrohr und Zimt, / alle Weihrauchbäume, Myrrhe und Aloe, / allerbester Balsam: Die Quelle des Gartens bist du, / ein Brunnen lebendigen Wassers, / Wasser vom Libanon. Nordwind, erwache! Südwind, herbei! / Durchweht meinen Garten, / lasst strömen die Balsamdüfte! Mein Geliebter komme in seinen Garten / und esse von den köstlichen Früchten. Ich komme in meinen Garten, Schwester Braut; / ich pflücke meine Myrrhe, den Balsam; esse meine Wabe samt dem Honig, trinke meinen Wein und die Milch. Freunde, esst und trinkt, / berauscht euch an der Liebe!

*(Hohelied 4,9-5,1)*

Wie die Liebe erfahren werden kann, was Liebe ist, kann weniger genau beschrieben werden als das, was die meisten Menschen unter Verliebtheit verstehen. Es gibt keine Liste von Merkmalen, die für alle gilt und die nur abgehakt werden muss, um eine bestimmte Beziehung mit dem Begriff "Liebe" zu bezeichnen. Trotzdem gibt es immer wieder Versuche auszudrücken, wie Liebe erfahren wird und Berichte über geglückte Liebesbeziehungen. Liebe erlebe ich als ein Gefühl intensiver Zuwendung, das mich ganz ergreift, das ich letztlich nicht erklären und manchmal kaum steuern kann. Es schließt auch Dasein für die andere oder den anderen ein. Es regt zu Unterstützung und Hilfe an.

*(Bundeszentrale für gesundheitliche Aufklärung)*

1. Was sagen die Texte aus unterschiedlichen Zeiten über die Liebe aus? Worin unterscheiden sie sich? Welche Wörter und Sequenzen beeindrucken dich besonders?
2. Gestaltet selbst ein Heft mit eigenen oder gesammelten Liebesgedichten!

A67

# Ohne Liebe geht nichts!

| | |
|---|---|
| Mutterliebe | |
| Selbstliebe | |
| Nächstenliebe | |
| Gottesliebe | |
| Geschwister-liebe | |
| Platonische Liebe | |
| Erotische Liebe | |

1. Beschreibt die einzelnen Formen der Liebe.
2. Erzählt euch gegenseitig Liebesgeschichten aus eurem Leben.
3. Fragt andere Menschen (Eltern, Großeltern, Lehrer), ob sie euch eine Liebesgeschichte erzählen.
4. Welche Bedeutung haben solche Erfahrungen mit der Liebe für das Leben?
5. Wie beurteilst du die Aussage: Liebe und du wirst geliebt?

A69

# Auf dem Weg in die Zukunft

Du bist auf den Weg in eine ungewisse Zukunft. 5 Dinge kannst du mitnehmen, die deiner Meinung nach zum Überleben wichtig sind. Es können ganz praktische Gegenstände sein (Auto, Stereoanlage, Buch, Computer). Aber auch Gefühle (Mut, Selbstbewusstsein) kannst du in deinen Rucksack packen.
Schreibe die einzelnen Dinge auf und stelle sie in einer Kleingruppe den anderen vor. An der Tafel wird danach eine Prioritätenliste erstellt.

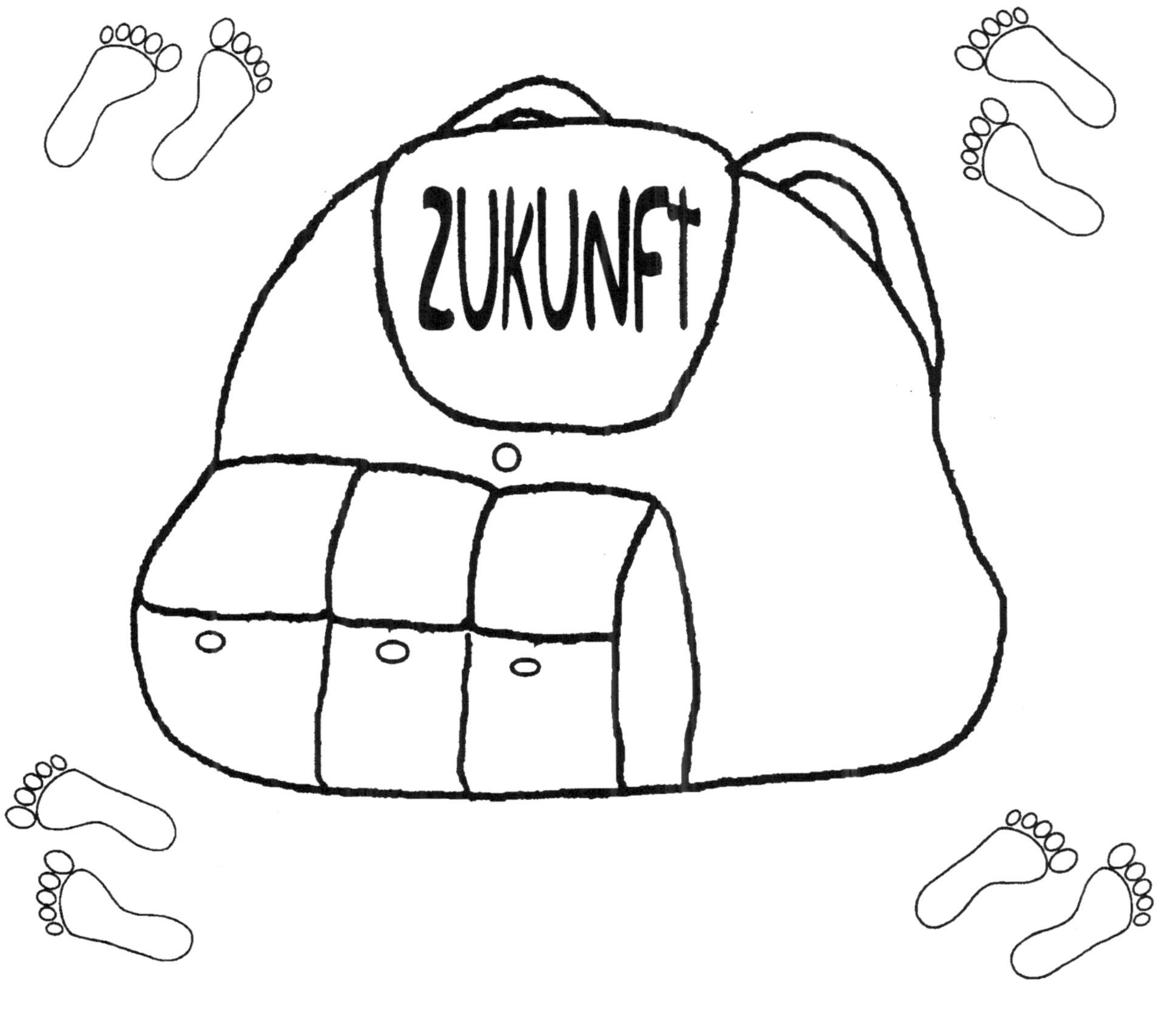


1 ............................................................................................

2 ............................................................................................

3 ............................................................................................

4 ............................................................................................

5 ............................................................................................

A70

# Wir träumen von einer neuen Stadt

Text und Musik: Arthur Thömmes 

Dieses Lied wurde geschrieben für den Fest- und Begegnungstag
("Die neue Stadt - unbehindert miteinander leben")
im Forumsprozess der Behindertenseelsorge (Heilig-Rock-Tage 2000, Trier)

Schon immer träumten Menschen von einer neuen Welt, in der sie friedlich und tolerant zusammenleben können. Doch der Blick in die eigene Umgebung und die täglichen Weltnachrichten zeigt uns, dass es oft anders ist. Hältst du die oben angesprochenen Träume für realistisch? Welche Visionen von einer besseren Welt hast du?

Jugend von heute macht Zukunft von morgen

# GO FUTURE

## Ideen und Träume für die Welt von morgen
## Ein Kreativwettbewerb an unserer Schule

Manche halten uns für eine Null-Bock-Generationen, die nur an sich denkt und auf Kosten anderer lebt. Andere bezeichnen uns als Weicheier, die den ganzen Tag herumhängen und nichts mit sich anzufangen wissen. Doch täuscht euch nicht: Wir sind Experten, wenn es um die Gestaltung unserer eigenen Lebenswelten geht. Und wir wissen ganz genau, dass sich die Welt verändern wird. Wenn wir uns davon nicht überraschen lassen wollen, müssen wir schon jetzt Expeditionen in die Zukunft unternehmen. Schließlich macht Jugend von heute Zukunft von morgen.

**Welche Sichten und Vorstellungen, Vorschläge und Ideen im Bezug auf die Zukunft existieren in euren Köpfen?**

Wir wollen euch zu einem Wettbewerb einladen.

**Stellt euch vor, ihr könntet euch in die Zukunft beamen. Wie wird die Welt in 10, 20 oder gar 50 Jahren aussehen? Wie werden wir leben?**

Ideen und die Kreativität sind gefragt:

**Phantasien, Visionen, Utopien, Hoffnungen, Träume**
sollen umgesetzt werden in
**Geschichten, Bildern, Liedern, Gedichten, Kurzgeschichten, Collagen, Modellen, Skulpturen, Videos, Theaterstücken, Fotos oder Multimedia-Projekten, ...**
Die originellsten Ideen erhalten einen Preis.

Teilnehmen können alle Schülerinnen und Schüler unserer Schule, egal ob Einzelpersonen oder Projektgruppen.

Nähere Informationen gibt es bei: ..................................

Abgabetermin: ...................................... bei : ..........................................

Präsentation und Preisverleihung: ......................................

Ein Projekt der Klasse .........

***Sei aktiv! – Sei kreativ! – Sei visionär!***

# Blick in die Zukunft

Ergänze die folgenden Sätze:

Wenn ich an die Zukunft denke, dann ...

Wenn ich an die Zukunft denke, freue ich mich ...

Wenn ich an die Zukunft denke, habe ich Angst ....

# - EIN ZUKUNFTSPROJEKT -

Es geht um die Zukunft. Viele Menschen denken mit Angst und Schrecken an die nächsten Jahre und Jahrzehnte. Unheilspropheten nutzen die Gunst der Stunde, um ihre pessimistischen Botschaften vom Weltuntergang und den vielen Katastrophen zu verbreiten.

Stellt euch vor, ihr seid eine Gruppe von **Sinnsuchern**, die den Menschen Mut machen soll, positiv in die Zukunft zu blicken.

Wählt Euch zunächst eine **Projektmethode** aus (Collage, Mutmach-Brief, Theater, Hip Hop, Kurzgeschichte, Pantomime, Tanz, Bildgeschichte, populäres Lied neu texten, eine multimediale Ausstellung, Comiczeichnung, Aufkleber, Homepage, Videoproduktion, Fotodokumentation).

Das Thema „**ZUKUNFT**" ist für alle Gruppen gleich.
Für die Planung und Durchführung habt ihr die nächsten ......
Wochen Zeit. Dabei arbeiten die Gruppen selbstständig und eigenverantwortlich.

Der Lehrer steht als Berater zur Verfügung.

Jede Gruppe wählt einen **Projektleiter**, der bei Fragen und Problemen mit dem Lehrer Kontakt aufnimmt.
Jeder Gruppe steht ein **Projektraum** zur Verfügung.
Die **Präsentation** ist am ........................................

Die Projektarbeit wird benotet. Dabei spielen folgende Kriterien eine Rolle:

1. **Soziale Kompetenz** (Wie wurde in der Gruppe miteinander gearbeitet? Wie haben die einzelnen Mitglieder sich eingebracht?)
2. **Fachkompetenz** (Wie hat die Gruppe das Thema inhaltlich aufgearbeitet? Was davon wird bei der Präsentation erkennbar?)
3. **Methodenkompetenz** (Wie präsentiert die Projektgruppe ihre Arbeit? Wie wurde die Projektidee umgesetzt?)

Viel Spaß bei der Arbeit!

## A74

Es kann ganz angenehm sein im "Hotel Mama", denn eine Versorgung rund um die Uhr ist garantiert. Oder ist es besser, sich möglichst früh vom Elternhaus abzulösen?

# A75 Angst ** Angst ** Angst ** Angst

Jeder Mensch kennt das Gefühl der Enge, Ohnmacht, Hilflosigkeit, Unruhe, Anspannung und Bedrohung. Das Herz fängt an zu schlagen, die Hände werden feucht und die Knie schlottern. Die Angst gehört zu unserem Leben. Sie ist ein Teil unseres Gefühlslebens und deshalb durchaus sinnvoll. Als Warn- und Alarmsignal hilft die Angst, auf Bedrohungen von außen und Störungen von innen aufmerksam zu machen. Nur wenn man die Gefahr kennt, kann man sie auch bewältigen. Und doch wollen wir die Angst am liebsten ungeschehen machen, wirft sie uns doch aus der Bahn und bringt unser geordnetes Leben ins Ungleichgewicht. Krankhaft wird die Angst, wenn sie zu einer Lähmung des Betroffenen führt und unkontrollierbar wird.

## a. Reale Angst (Furcht)

Die Ursachen sind konkrete und reale Situationen (z. B. eine Krankheit, eine gefährliche Situation)

## b. Phobien und Panikstörungen

Als Phobien bezeichnet man plötzliche, schwere Angstanfälle ohne körperliche Ursache. Sie beziehen sich auf bestimmte Orte und Situationen, ohne dass eine wirkliche Gefahr besteht:

- Angst vor Situationen, in denen eine Flucht nur schwer möglich oder aber keine Hilfe verfügbar wäre (große Plätze sowie Menschenansammlungen: Agoraphobie)
- Die Angst vor engen und geschlossenen Räumen (Klaustrophobie)
- Ängste vor sozialen Situationen wie z.B. sich in Gegenwart anderer zu äußern, zu essen oder in anderer Weise im Mittelpunkt des Geschehens zu stehen (soziale Phobie)
- Vermeidungsverhalten im Beruf (Arbeitsphobie)
- Alle Konzentration ist auf die Funktion des Herzens gerichtet. Stark ist das Gefühl, eine Herzattacke oder einen Herzinfarkt zu erleiden (Herzphobie)
- Angst vor Spinnen, Katzen und Hunden (Tierphobie)
- Angst vor Spritzen oder Blut, Angst vor Dunkelheit und Donner, Höhenangst

Die *Panikstörung* wird durch wiederkehrende, unvorhersehbare und in unbestimmten Situationen plötzlich auftretende Angstattacken gekennzeichnet. Diese werden von quälenden körperlichen Schmerzen wie Erstickungsgefühlen, Zittern, Hitzewallungen und Herzklopfen begleitet. Sie blockieren das planvolle Handeln. Das Angsterleben kann sich so weit steigern, dass die Betroffenen den unmittelbar bevorstehenden Tod oder das baldige Verrücktwerden befürchten.

Die *Zwangsstörung* ist eine unkontrollierbare Angst vor Krankheiten, die aufgrund von Unsauberkeit bzw. Infektionen entstehen könnten. Bei Zwängen fühlt sich der Betroffene genötigt, immer wieder die gleichen stereotypen, oft unsinnigen Handlungen auszuführen, z.B. ständiges Händewaschen oder Staub putzen.

## c. Neurotische Angst

Angstneurosen sind heftige Angstanfälle, die den Betroffenen scheinbar grundlos überwältigen. Kennzeichnend ist ein Gefühl der Lebensbedrohung und des völligen Verlassenseins. Die Angst wird zum ständigen Lebensbegleiter. Ursache ist häufig eine falsche oder fehlende innere Verarbeitung eines starken Erlebnisses.

## d. Gewissensangst

Menschen werden über die normalen Schuldgefühle hinaus genuss- und entscheidungsunfähig, weil die Angst sie lähmt. Sie befürchten, dass sie mit allem, was sie tun, eine Sünde begehen. Das Gewissen wird zur Last.

## e. Existentielle Angst

Lebensangst, Zweifel am Sinn und Ziel des Lebens, Angst vor Niederlagen, dem Versagen und dem Alleinsein, Angst vor dem Tod

## f. Generalisierte Angst

Der Betroffene leidet ständig unter Ängsten und einer chronischen Besorgtheit. Sie ist durch übertriebene, eigentlich unrealistische, andauernde Besorgnisse und Befürchtungen charakterisiert. Menschen, die von der generalisierten Angststörung betroffen sind, machen sich fast den ganzen Tag Sorgen darüber, ob dem Partner, den Kindern oder Verwandten etwas zugestoßen ist, obwohl kein Anlass dazu besteht.

# HITPARADE DER ÄNGSTE

**Kreuze die 5 Punkte an, die dich am meisten ängstigen**

❍ 1. Angst vor dem Leben
❍ 2. Angst vor Gewalt und Krieg
❍ 3. Angst vor Einsamkeit und dem Alleinsein
❍ 4. Angst, verlassen zu werden
❍ 5. Angst vor dem Tod
❍ 6. Angst, ausgelacht zu werden
❍ 7. Angst vor zu nahem körperlichen Kontakt
❍ 8. Angst vor Prüfungen
❍ 9. Angst vor den Eltern
❍ 10. Angst vor Familienstreit
❍ 11. Angst, einem anderen meine Zuneigung zu zeigen
❍ 12. Angst, aus mir herauszugehen
❍ 13. Angst, von zu Hause wegzuziehen
❍ 14. Angst vor Strafe
❍ 15. Angst, jemanden zu verlieren, den ich gern habe
❍ 16. Angst vor der Zukunft
❍ 17. Angst vor Lehrern
❍ 18. Angst vor Hunden, Katzen oder Spinnen
❍ 19. Angst vor dem zu nahen Kontakt mit Menschen
❍ 20. Angst vor der Zerstörung der Umwelt
❍ 21. Angst vor Krankheit
❍ 22. Angst, dass meine Freundin/ mein Freund mich verlässt
❍ 23. Angst, unglücklich zu sein
❍ 24. Angst, schwanger zu werden bzw. Vater zu werden
❍ 25. Angst vor dem Erwachsenwerden
❍ 26. Angst, von Drogen abhängig zu werden
❍ 27. Angst vor geschlossenen Räumen
❍ 28. Angst vor Menschenmassen
❍ 29. Angst, nicht ernstgenommen zu werden
❍ 30. Angst, meine Gefühle zu zeigen
❍ 31. Angst, anderen weh zu tun
❍ 32. Angst, nicht geliebt zu werden
❍
❍
❍
❍
❍

# Ein Abschiedsbrief

*Was ich vom Leben erwarte und was es mir nicht geben kann.*

*Es ist spät in der Nacht und ich denke wieder einmal über den Sinn des Lebens nach und was das Leben mir bringen kann.*

*Lieber Gott, hast du mich auf die Welt gesetzt, damit die anderen Menschen was zum Spielen haben? Warum siehst du mich nicht? Oder hast du mich vergessen? Ich bin in einer Phase, in der ich noch nicht einmal weinen kann, Ich werde diese Gefühle nicht los und ich bin hoffnungslos. Die Welt ist nicht rosarot für mich. Ich bin in einer Dunkelheit, alles ist kalt und kühl. Es ist nicht mehr auszuhalten, meine Kraft ist am Ende. Obwohl so viele Menschen um mich herum sind, fühle ich mich einsam und verlassen.*

*Ich würde alles hergeben, um ein bisschen Glück und Anerkennung zu bekommen, aber die Angst, noch mehr zu leiden, ist wie ein Schatten, der mich verfolgt. Die eiskalten und dunklen Nächte, die ich schlaflos verbringe, sind meinen einzigen Freunde, denn ich habe niemand, mit dem ich über meine Probleme reden kann. Niemand, der mir zuhört. Niemand, der mich versteht. Niemand, der mir Zuneigung und Trost schenkt. Ist das zuviel verlangt? In mir ist ein unerklärlicher Druck. Meine Seele tut weh. Ich bin ganz unruhig. Die Wunde verblutet, das Schicksal schlägt zu und wieder bin ich traurig. Immer nur traurig.*

*Ich habe das Gefühl, als ob die Tage, die Stunden, sogar die Sekunden nicht vergehen, als würde mich alles ins Elend ziehen. Solch ein Leben macht mich fertig. Falsche Freunde, falsche Worte, leere Träume, die brauche ich nicht. Ich spüre die Sehnsucht in mir. Sie ist sehr schmerzhaft. Das ist mein letzter Schrei. Das ganze Leben auf einem Stück Papier beenden. Statt auf dieser grausamen Welt zu leben, wo nur Leid und Not herrscht, schenke ich mir lieber den Tod.*

**J.K., 17 Jahre**

1. In welcher Situation befindet sich der/die Briefschreiber/in?
2. Siehst du eine Möglichkeit, ihm/ihr zu helfen?
3. Schreibe einen Antwortbrief.

Erzähle die folgende Geschichte zu Ende!

# Bitte, hör mir zu!

Judith hatte die Nase gestrichen voll. So konnte man nicht mit ihr umgehen. Nein, diesmal würde sie ihre Tasche packen und einfach weggehen. Jeden Abend den gleichen Zoff. Vater kam nach Hause und legte sich vor die Kiste. Er brauche angeblich seine Ruhe nach dem anstrengenden Arbeitstag. Aber sie wollte doch nur mit ihm reden. Mutter stand wie immer in der Küche. Das Bügeleisen flog über die Hemden und Hosen - wie täglich. "Du siehst doch, dass ich andere Dinge zu tun habe." Das war ihre Standardantwort auf Judiths Fragen. Nein, jetzt war Schluss. Endgültig! ...

*Wähle 5 Eigenschaften aus, die Deiner Meinung nach für eine Partnerschaft wichtig sind!*

- ☐ Treue
- ☐ feste Grundsätze
- ☐ Attraktivität
- ☐ Kritikfähigkeit
- ☐ offen seine Meinung sagen
- ☐ zuhören können
- ☐ alles gemeinsam machen
- ☐ gemeinsame Interessen
- ☐ verzeihen können
- ☐ fair streiten können
- ☐ Geld
- ☐ gepflegte Erscheinung
- ☐ sicheres Auftreten
- ☐ sich in den anderen einfühlen können
- ☐ Vertrauen
- ☐ gemeinsam in die Zukunft schauen
- ☐ Eifersucht
- ☐ Schwächen zugeben können
- ☐ gemeinsame Freunde
- ☐ Nähe und Distanz
- ☐ Unabhängigkeit
- ☐ Liebe
- ☐
- ☐
- ☐
- ☐

# Let's talk about SEX

Kommunikation
Hingabe
Enthaltung
Bindung
Verantwortung
Lust
Begierde
Treue
Verzicht
AIDS
Angst

Freiheit
Zärtlichkeit
Leistung
Verhütung
Liebe
Entspannung
Rücksicht,
Zeugung
Glück
Streß
Sünde
Erregung

Was gehört zur Sexualität, was nicht?
Schneidet die einzelnen Punkte aus und versucht sie einzuordnen!

# A81 DAILY SOAPS - VOLL DAS LEBEN!?

**Die aktuellen Soaps im deutschen Fernsehen:**
Unter uns (17.30, RTL)
Verbotene Liebe" (17.55, ARD)
Marienhof" (18.25, ARD)
Gute Zeiten, schlechte Zeiten" („GZSZ", 19.40, RTL)

**Produktionskosten** pro Minute: ca. 3000 Euro
**Werbeeinnahmen** pro Minute: bis zu 90.000 Euro
**Zuschauer:** ca.12 Millionen
**Einschaltquoten:** bis zu 35 Prozent
**Kernzielgruppe:** 14- bis 29-Jährige

**Entstehung:**
**"Soap Operas"** (Seifenoper) sind eine Erfin-dung des US-amerikanischen Waschmittelherstellers Procter & Gamble, der eine tägliche Herz-Schmerz-Sendung (Ma Perkins, 1933) im Radio mit Waschmittelspots kombinierte.
**Erste Soap im deutschen Fernsehen:**
„Lindenstraße" (seit 1985 einmal wöchentlich)
**Erste deutsche Daily Soap:**
„Gute Zeiten, Schlechte Zeiten" (1992)

**Storyliner** sind ständig auf der Suche nach neuen Inhalten, Trends und Themen, die dann zu Geschichten zusammengebastelt werden.

**Kennzeichen:**
Der Erzählrahmen wird bestimmt durch eine im Mittelpunkt stehende kleine Gemeinschaft (Familie, Wohngemeinschaft, Kneipenclique). Das Geschehen findet meist innerhalb einer Wohnung, eines Zimmers oder eines Cafés statt. Im Mittelpunkt stehen Gespräche über Beziehungsprobleme (Merksatz: „Du, ich muss mit dir reden."). Die Handlung wird selten durch Bewegung oder tatsächliches Agieren der Darsteller vor der Kamera ausgedrückt. Soaps haben also eher einen Hörspielcharakter, was die Produktionskosten sehr niedrig hält. Der gleichbleibende Vor- und Abspann, die Kennmelodie, der Einsatz gleicher musikalischer Motive in bestimmten Situationen, die immer gleichen Hauptfiguren sind weitere Stilmittel.
Das Gerüst einer Soap bilden zwei bis drei **Handlungsstränge** (Storyline) während einer Folge, die nebeneinander herlaufen ohne sich zu beeinflussen.
**Cliffhanger:** die letzte Szene einer Episode. Eine dramatische Szene, die nicht aufgelöst wird und somit die Zuschauer animieren soll, auch die nächste Folge wieder einzuschalten, um die Auflösung zu erfahren.

**Kultmarketing:**
In einer perfekt inszenierten Kunstwelt, in der schöne, junge Menschen, die topmodisch gekleidet vor aktuellen Einrichtungsgegenständen ihre Beziehungsprobleme diskutieren, wird uns Zeitgeist im Bezug auf Mode und Design präsentiert. Was "in" ist, muss rein. Die jugendlichen Zuschauerinnen und Zuschauer sind eine beliebte Zielgruppe für die Werbewirtschaft.

**Themen:**
Trouble in der Schule, der Freund geht fremd, Mobbing im Büro, Essstörungen, Liebeskummer, Spielsucht, Sekten, Geldsorgen, Drogen und Homosexualität ...
Soziale Problembereiche wie Aids, Rechtsradikalismus, Homosexualität und Behinderungen werden in einer künstlich verdichteten Wirklichkeit schonungslos vorgeführt. Es wird geliebt und gehasst, Intrigen und Schicksalsschläge werden inszeniert und gemeistert. Liebe und Leid, Lachen und Weinen, Gut und Böse - nichts wird ausgelassen.

**Motive und Konsequenzen:**
Das tägliche Leben wird inszeniert und dramatisiert. Dagegen erscheint die reale Welt langweilig.
Manche Jugendliche benutzen die Sendungen als Vorlage für ihr eigenes Leben, für andere haben sie lediglich Kultstatus.
Entspannung / Erholung / Zeitvertreib / Strukturierung des Alltags / Flucht aus dem Alltag / Identifizierung mit den Darstellern / Ersatz für das, was im Alltag fehlt / Soziale Bindung / Unkritische Übernahme von Wirklichkeitsentwürfen / Alltagsorientierung / Vertrautheit mit den vorgestellten Figuren / Voyeurismus / Realitätsverlust / „Heile-Welt-Klischees" / Hilfen zur Identitätsfindung / Beziehungsverhalten / Norm- und Wertvorstellungen

Sind die Probleme und die vorgestellten Problemlösungsansätze realistisch?
Was haben die Daily Soaps mit dem wirklichen Leben zu tun?
Sind Soaps eine Ersatzdroge für das wirkliche Leben?

Arthur Thömmes: ÜberLeben. 88 Arbeitsblätter für den Religionsunterricht, Deutscher Katecheten-Verein, München

# Umfrage zum Thema „Daily Soaps"

männlich: ❍ weiblich: ❍ Alter:......

1. Schaust du dir regelmäßig Soaps an? Ja ❍ Nein ❍
Wenn ja, welche?

2. Wie oft? täglich: ❍ 2-3 mal in der Woche: ❍ gelegentlich: ❍

3. Wie heißt deine Lieblingssoap?

4. Was gefällt dir an Daily Soaps?

5. Was gefällt dir nicht an Daily Soaps?

6. Kaufst du Soap- Fanartikel? Ja ❍ Nein ❍
Wenn ja, welche?

7. Soaps sind ...
weltfremd ❍ unrealistisch ❍ übertrieben ❍ Lebenshilfe ❍

aktuell ❍ realistisch ❍ unterhaltsam ❍ spannend ❍

8. Für welchen Schauspieler bzw. welche Schauspielerin schwärmst du besonders?
Name: Soaptitel:

9. Beeinflussen Soaps dein Konsumverhalten? ja ❍ nein ❍
Wenn ja, wie?

10. Setzen Soaps Modetrends? ja ❍ nein ❍
Wenn ja, welche?

11. Beeinflussen die Soaps deine Einstellung zum Leben? ja ❍ nein ❍
Wenn ja, wie?

12. Welche Themen sprechen dich besonders an?

13. Warum sind Daily Soaps so erfolgreich?
❍ Ideale Sendezeit wochentags zwischen 17.30 und 20 Uhr
❍ Alltägliche Probleme werden angesprochen
❍ Die Zuschauer können abschalten vom Alltagsfrust
❍ Leichte Unterhaltung
❍ ..................................

# A83

## „Du, ich muss mit dir reden." - Lebensthemen

In den Saily Soaps wird viel geredet und die Themen sind so vielfältig wie das Leben selbst. Meistens stehen Beziehungsprobleme im Mittelpunkt.
Sind das auch die Themen, die für dich und deine Freunde / Freundinnen wichtig sind?

| **Thema** | **sehr wichtig** | **wichtig** | **weniger wichtig** | **unwichtig** |
|---|---|---|---|---|
| Freundschaft | | | | |
| Familie | | | | |
| Liebe | | | | |
| Ärger mit den Eltern | | | | |
| Drogen | | | | |
| Geldsorgen | | | | |
| Schulprobleme | | | | |
| Mode | | | | |
| Liebe | | | | |
| Sexualität | | | | |
| Berufseinstieg /-ausstieg | | | | |
| Krankheit | | | | |
| Trends | | | | |
| Essstörungen | | | | |
| Mobbing | | | | |
| Spielsucht | | | | |
| Behinderung | | | | |
| Rechtsradikalismus | | | | |
| AIDS | | | | |
| Intrigen | | | | |
| Schicksalsschläge | | | | |
| Gewalt | | | | |
| Kriminalität | | | | |
| Religion | | | | |
| Kirche | | | | |
| Ausgrenzung | | | | |
| Rache | | | | |
| Stars | | | | |
| Musik | | | | |
| Konsum | | | | |
| Orientierungslosigkeit | | | | |
| Vorurteile | | | | |
| Zukunft | | | | |
| | | | | |
| | | | | |

# A84 Wir drehen eine Seifenoper

**Wie ein Film entsteht:**
Im EXPOSE wird zunächst die Filmhandlung dargestellt, im TREATMENT sind Schauplätze und Charaktere umrissen. Das ROHDREHBUCH enthält die für die Filmaufnahmen wesentl. Angaben; der Regisseur arbeitet mit den Autoren danach das DREHBUCH aus. Die Produktionsfirma engagiert den Stab (für Kamera, Bauten und Ausstattung, Schnitt, Musik) und die Besetzung der Haupt- und Nebenrollen. Im DREHPLAN sind die nummerierten Kameraeinstellungen und die an den einzelnen Drehtagen aufzunehmenden Szenen enthalten. Die FILMAUFNAHMEN erfolgen im Freien oder im Studio. Mit Hilfe des FILMSCHNITTS werden die einzelnen Szenen zusammengesetzt. Der zumeist vom Bild getrennt aufgenommene TON (Dialog, Musik, Geräuschkulisse) ist im fertigen Film auf einem Filmstreifen mit dem Bild vereinigt.

Die Arbeit am Video hat vier Phasen:

**Klärung des Themas:**
* Brainstorming: Sammeln von Ideen
* Wie soll der Film heißen?
* Expose´: Grobes Konzept, das wesentliche Handlungselemente enthält

**Drehbuch:**
* Gruppenarbeit (arbeitstellig): Gestaltungsideen, evtl. Beschaffen von Informationen auf der Grundlage des Exposés
* Treatment: Die Handlungsfolge wird schriftlich festgelegt
* Drehbuch: Szenenabfolge (nummeriert), Beschreibung der einzelnen Szenen in drei Spalten: Bild (Was sieht man?), Kamera (Wie wird gefilmt?), Ton (Was hört man?/Was wird gesprochen?)

**Dreharbeiten:**
* Auf der Grundlage des Drehbuchs:
* Auswahl der Spielerinnen und Spieler, Proben
* Festlegung der Drehorte; Herstellen bzw. Besorgen von Kulissen und Requisiten
  Training der Aufnahmetechnik: Kameraführung, Perspektive, Tonaufnahmen
* Durchführung der Dreharbeiten

**Filmgestaltung:**
* Filmmaterial sichten und bewerten
* Schnitt, evtl. Nachdrehen, Nachvertonen
* Schnittplan erstellen
* Gestaltung von Filmtitel und Abspann

Wichtig ist eine genaue Aufgabenverteilung: Regisseur, Schauspieler, Kamera, Ton, Videoschnitt, Vertonung mit Originallied, Requisiten, Maske, Catering, ... Jeder hat eine Aufgabe!
Materialliste: Videokamera, Akkus, Stativ, Videorecorder, Fernsehgerät, CD-Player, Musik-CDs, Verbindungskabel, Videocassetten für Kamera und Recorder, Computer mit Videoschnittkarte, ...

# DER LETZTE TAG - EIN PLANSPIEL (1)

## 1 REGELN FÜR DAS PLANSPIEL

1. An der Spielhandlung beteiligt sind die Spielgruppen und der Spielleiter.
2. Jede Gruppe erhält zu Beginn die Spielregeln (1), die Beschreibung der Ausgangslage (2), die Rollenspielkarten (3) und weitere Hilfsmittel (Papier, Stifte, Lexika, etc.).
3. Die Teilnehmer sind genau über die Problemstellung und die beteiligten Personen und Gruppen informiert.
4. Jede Gruppe hat einen eigenen Raum zur Verfügung.
5. Alle Entscheidungen (Uhrzeit, Absender, Adressat) werden auf Formulare (mit zwei Durchschlägen) notiert (Gruppe, Spielleitung, Empfänger).
6. Die Gruppen kommunizieren schriftlich miteinander.
7. Es gibt eine Spielleitung, bei der die Briefe abgegeben und abgeholt werden. Auch die mündlichen Kontakte zwischen den Gruppen und Aktionen müssen hier angemeldet werden. Die Spielleitung kann (je nach Situation) während des Spiels weitere Informationen geben.
8. Der Spielleiter dokumentiert die einzelnen Spielzüge (genaue Uhrzeit, Art der Begegnung, etc.).
9. Am Schluss des Planspiels wird der Verlauf und das Ergebnis reflektiert (4). Dabei erklären die einzelnen Gruppen ihre Vorgehensweise. Die Reflexionsphase sollte vor allem Raum bieten, Eindrücke und Gefühle zu artikulieren und Unklarheiten zu beseitigen.

## 2 DIE AUSGANGSSITUATION

Wir befinden uns in einem Ort namens JEDERMANN. Irgend jemand, keiner weiß mehr genau wer, hat das Gerücht in Umlauf gebracht: das Weltende naht, der letzte Tag steht bevor. Es kann nicht mehr lange dauern. Welches Ereignis das Ende hervorrufen wird, weiß keiner genau. Verschiedene Endzeitszenarien sind im Umlauf: Naturkatastrophen, Seuchen, Krieg, Zerstörung der Nahrungsgrundlagen durch die Vergiftung der Umwelt, Hungerkatastrophen, Völkermord durch biologische, chemische und atomare Waffen, Anarchie als Folge von Korruption, ...

Manche reden sogar von einem Eingreifen Gottes in diese Welt als einer Art Strafaktion. Eine Kettenreaktion setzt ein. Fragen werden gestellt, Antworten gesucht. Panikmacher haben Hochkonjunktur: Wir müssen uns auf die neue Situation einstellen, Vorkehrungen treffen, Abschied nehmen von dieser Welt, den Menschen, dem Leben, dieser Zeit. Andere versuchen mit logischen Argumenten das Gerücht aus der Welt zu schaffen. Es kommt Bewegung in unsere kleine Stadt, in der die Menschen leben wie sonst überall.

## 3 ROLLENSPIELKARTEN

Wichtig ist bei diesem Planspiel, dass die einzelnen Rollen nicht nach Geschlecht, Alter, Beruf, etc. vorgegeben sind. Von Bedeutung ist die persönliche Haltung und Einstellung zum Leben und damit der Umgang mit bestimmten Problemsituationen. Versetzt euch in die Lage der vorgegebenen Rolle. Diskutiert auf der Grundlage der Ausgangssituation euer Vorgehen und entwickelt eine Strategie. Wie geht ihr mit der vorgegebenen Situation um? Wie reagiert ihr auf die Interventionen der anderen Gruppen? Eure Phantasie ist gefragt. Ihr könnt Briefe schreiben, Aufrufe formulieren (Flugblatt), Leserbriefe schreiben, einzelne oder alle Gruppen anschreiben und Aktionen starten.

### 1. DIE ÄNGSTLICHEN

Ihr seid niedergeschmettert. Der Gedanke an das Ende der Welt versetzt euch in den Zustand panischer Angst. Verzweifelt überlegt ihr, welche Möglichkeiten der Rettung es geben könnte. Und dabei entwickelt ihr die verrücktesten Ideen.

### 2. DIE GLÄUBIGEN

Eure Grundlage ist die Bibel, die euren Glauben an ein gutes Ende nährt. Ihr macht Mut und setzt Zeichen der Hoffnung.

### 3. DIE OPTIMISTEN

Es wird schon alles ein gutes Ende finden. Warum also verzweifeln. Ihr denkt optimistisch und zuversichtlich. Selbst den schlechtesten Nachrichten könnt Ihr noch etwas Positives entnehmen.

### 4. DIE GERÜCHTEMACHER

Ihr entwickelt immer wieder neue Gerüchte, die ihr gezielt in Umlauf bringt. Dabei sind eurer Phantasie keine Grenzen gesetzt.

### 5. DIE TRÄUMER

Ihr träumt von einer neuen Welt und malt diese mit den schillernsten Farben aus. Fast wirkt es wie eine Lust am Untergang.

### 6. DIE REALISTEN

In der Beurteilung der vorgegebenen Situation steht für euch die realistische Einschätzung. Ihr sammelt Fakten, die für oder gegen die Gerüchte sprechen.

### 7. DIE PRESSE

Eure Aufgabe ist es, den Spielverlauf genau zu beobachten. Ihr könnt eine Zeitung mit Berichten, Fotos und Kommentaren erstellen und an die Gruppen verteilen.

### 8. DIE SPIELLEITUNG

Der Lehrer übernimmt zusammen mit einigen Assistenten die Spielleitung. Er übernimmt die Vor- und Nachbereitung, dokumentiert die Spielzüge und behält den Spielverlauf und das didaktische Ziel ständig im Auge. Je nach Bedarf greift er in das Spiel ein, um es in eine bestimmte Richtung zu lenken (z.B. Bürgerversammlung, Schreiben an alle oder einzelne Gruppen). Dabei sollte die Spielfreiheit nicht zu sehr eingeschränkt werden.

# Der letzte Tag - ein Planspiel (3)

## Auswertung und Reflexion 4

- ☐ Wie ist es mir beim Spielen ergangen?
- ☐ Wie bin ich mit meiner Rolle zurechtgekommen?
- ☐ Was hat mich beim Spiel betroffen gemacht?
- ☐ Was ist mir unklar geblieben?
- ☐ Was habe ich gelernt?
- ☐ Worüber möchte ich gerne mehr wissen?
- ☐ Wo sehe ich den Unterschied zwischen Spiel und Realität?
- ☐ Welche Aspekte waren übertrieben und unrealistisch?
- ☐ Welchen Einfluss hatte ich auf den Verlauf des Spieles?
- ☐ Welche neuen Erfahrungen habe ich im Spiel gemacht?
- ☐ Welche neuen Erkenntnisse habe ich gewonnen?

## SPIELVARIANTE / SPIELERWEITERUNG 5

Es besteht die Möglichkeit der Rettung vor der drohenden Katastrophe: ein Raumschiff steht zur Verfügung, um dich auf einen anderen Planeten in Sicherheit zu bringen. Doch es gibt einen Hacken dabei. Es steht nur eine feste Zahl von Plätzen zur Verfügung. Im Verlaufe des Planspieles ensteht ein Wettstreit um die Rettung. Jeder versucht Argumente zu finden, warum gerade er und nicht die anderen gerettet werden sollte. Auch die Rollen wechseln bei dieser Variante: die Versager, die Erfolgreichen, die Alten, die Kinder, die Politiker, die Kirchenvertreter, ... Die Gruppen treten wie oben beschrieben miteinander in Kontakt. Am Ende treten die Spielgruppen vor eine Kommission, um diese von ihrer Rettung zu überzeugen. Dabei muss ohne Wenn und Aber Rechenschaft über das eigene Leben abgelegt werden. Nichts bleibt verborgen. Doch nach welchen Maßstäben sollen die Plätze vergeben werden? Lassen Sie Ihrer Phantasie freien Lauf und entwickeln Sie ein Spiel nach den vorgegebenen Spielregeln.

# FEEDBACKBOGEN RELIGIONSUNTERRICHT

| | | | |
|---|---|---|---|
| So habe ich mich im Religionsunterricht gefühlt: | ○ | ○ | ○ |
| Die Themen waren | ○ | ○ | ○ |
| Ihr Verhalten war | ○ | ○ | ○ |
| Meine Erwartungen an den Unterricht wurden erfüllt | ○ | ○ | ○ |
| Der Unterricht war lebendig und abwechslungsreich. | ○ | ○ | ○ |
| Ich fühle mich von Ihnen akzeptiert und respektiert. | ○ | ○ | ○ |
| Der Unterricht war sehr informativ. | ○ | ○ | ○ |
| Sie haben Spaß an ihrem Beruf | ○ | ○ | ○ |
| Ich habe viel für mein Leben gelernt. | ○ | ○ | ○ |

## ... in Worten ausgedrückt!

Das Thema ............................................................... hat mir besonders gut gefallen,

weil ..........................................................................................................................

Die folgenden Themen sollten wir unbedingt im Religionsunterricht behandeln:

..........................................................................................................................

..........................................................................................................................

## Mein Tipp für Sie!

von Schüler/in zu Lehrer/in:

von Mensch zu Mensch:

Arthur Thömmes: ÜberLeben. 88 Arbeitsblätter für den Religionsunterricht, Deutscher Katecheten-Verein, München

# Hinweise zum Einsatz der Arbeitsblätter

**A1** - Das Arbeitsblatt eignet sich hervorragend zu jedem Thema in der Einstiegsphase bzw. in der Phase der Ideenfindung. Die Schülerinnen und Schüler setzen zu jedem Buchstaben einen Begriff ein, der ihnen dazu einfällt.

**A2** - Es geht mir im Religionsunterricht vor allem um die Licht- und Schattenseiten des Lebens, diese zu artikulieren und Wege zu einem geglückten und gelingenden Leben zu finden. Es ist eine Art Spurensuche, auf die ich mich zusammen mit den Jugendlichen begebe. Dabei sollten sie immer wieder die Möglichkeit haben, sich selbstständig auf die Suche nach Fragen und Antworten zu machen. Die Projektarbeit bietet Raum für kreative Entfaltung. Neben der persönlichen, fachlichen und sozialen Kompetenz ist hier vor allem die Methodenkompetenz von Bedeutung, die Fähigkeit der selbstständig organisierten und eigenverantwortlichen Erschließung von Lerninhalten, um sich zurecht zu finden in einer immer schwieriger und unüberschaubar werdenden Welt. Ich benötige Techniken, mit deren Hilfe ich Wichtiges von Unwichtigem unterscheiden und Wissen filtern kann. Und im Religionsunterricht ist dieses Wissen vor allem ein Lebenswissen. Es geht um die Grundfragen menschlichen Lebens, um Sein oder Nichtsein, um Leben und Tod, um den Sinn des Ganzen. Dabei sollten Kinder und Jugendlichen vor allem Hilfestellungen erfahren, um die eigenen Talente und Schwächen zu entdecken. Sie sollen lernen, sich dieses Wissen mit ihren je eigenen Möglichkeiten kreativ anzueignen. In der vorgegebenen Projektarbeit „Tatort Leben" sollen sich die Schülerinnen und Schüler auf die Suche machen nach dem, was das Leben alles bietet. Gesehenes, Gehörtes und Erlebtes kann hier genauso seinen Ausdruck finden wie Ängste, Glücksgefühle und Visionen.

**A3** - Wir Menschen sind als Sinnsucher immer auf der Suche auf Antworten auf unsere existenziellen Fragen. Worin besteht der Sinn unseres Lebens? Auf dem Arbeitsblatt finden sich einige Antwortversuche von Berufsschülern (17-20 Jahre). Es kann als Anregung zum eigenen Weiterdenken benutzt werden. Ich teile bei diesem Thema an jeden Schüler ein Blatt aus, auf dem der unvollständige Satz „Der Sinn des Lebens besteht darin, ..." steht. Sie sollen ihn zu Ende schreiben. Dann sammle ich die Blätter ein, mische sie und lese die Antworten vor. Die Schreiber bleiben anonym. Dies erlebe ich immer wieder als eine sehr intensive Phase des Zuhörens. Anschließend können die Meinungen kommentiert und diskutiert werden.

**A4** - Ich sammle Lebensweisheiten. Oft werden sie einfach nur dahingesagt, doch bei genauerer Betrachtung haben sie eine tiefere Bedeutung. Sinnsprüche sind wie Schlüssel, mit denen sich verschlossene Türen öffnen lassen. Sie können Lebenshilfe in komprimierter Form sein. Gelegentlich schreibe ich nur einen solchen Satz ganz groß an die Tafel und lasse ihn wirken. Das vorliegende Arbeitsblatt bietet eine Sammlung von Lebensweisheiten. Häufig entsteht daraus eine lebhafte Diskussion, wenn die Schülerinnen und Schüler zu den einzelnen Sprüchen ihre Meinung sagen können. Ich setze es oft am Beginn eines Schuljahres in neuen Klassen ein, um die Schülerinnen und Schüler miteinander ins Gespräch zu bringen. Jede/r kann Position beziehen (pro oder contra) und erzählt - wenn er/sie will - etwas über sich selbst.

**A5** - Jeder Mensch hat die Möglichkeit, sein Leben in die Hand zu nehmen und es zu gestalten. Nicht alles ist Schicksal. Vieles ist für junge Menschen sehr verwirrend. Oft sind Richtung und Weg nicht klar erkennbar. Also gilt es, sich zu orientieren, seinen Weg zu finden in der Hoffnung, dass es der richtige ist. Wie ein Labyrinth erscheint uns manchmal das Leben. Es braucht Hin- und Rückwege, wir sind immer auf der Suche nach einer Mitte. Das Arbeitsblatt will die Schülerinnen und Schüler ermutigen, mit Hilfe des Labyrinthes ihren eigenen Lebensweg zu reflektieren. Dabei ist es wichtig, das Labyrinth zu erläutern. Es ist ein uraltes Symbol, das in verschiedensten Kulturen gebraucht wurde. Es darf nicht mit einem Irrweg verwechselt werden, der viele Wege anbietet, aber auch Sackgassen, die in die Irre führen. Das klassische Labyrinth hat nur einen einzigen Weg. Die-ser Weg hat keine Abzweigungen und bildet keine Sackgassen oder Irrwege. Die einzige Sackgasse ist das Zentrum. Der Weg führt hin und her, biegt nach innen und außen ab und gelangt schließlich zur Mitte. Der selbe Weg führt auch wieder nach außen. Im Labyrinth verliert man sich nicht, man findet sich. Als Projektidee bietet sich an, auf dem Schulhof oder im Schulgarten ein eigenes Labyrinth zu gestalten. Interessante Informationen zum Labyrinth finden sich unter der Internetadresse: http://www.reli.oasis.at

**A6** - Hier ist Kreativität angesagt. Die Schülerinnen und Schüler sollen ein Spiel erfinden. Eine spannende Sache. Vielleicht lassen sich die Ergebnisse auch in anderen Klassen testen. Ein Riesenwürfel mit Spielanleitung könnte in den Pausen eine sinnvolle Freizeitbeschäftigung anbieten.

**A7** - Lebenserinnerungen und Biografien sind gefragt. Über so manches bedeutende (und unbedeutende) Leben wird ein Buch geschrieben oder es wird sogar verfilmt. Die Schülerinnen und Schüler sollen sich in die Rolle eines Regisseurs versetzen, der ihr Leben verfilmt. Es wird sicherlich spannend, wenn es darum geht, die Höhepunkte und/oder Niederlagen des eigenen Lebens zu finden und darzustellen. So manche Story wurde so schon geschönt oder dramatisiert.

**A8** - Große Träume zu haben ist einfach, sie zu leben ist schwer. „Träume sind Schäume" sagen die einen, andere wiederum sind der Meinung „Träume sind die letzten Abenteuer in einer Welt der vorgeschriebenen Phantasie". „Träume süß", sagt die Mutter zu ihrem Kind vor dem Einschlafen. „Hör auf zu träumen", ermahnt der Lehrer den Schüler. Ist Träumen in unserer Gesellschaft noch erlaubt oder ist das etwas für realitätsferne Spinner, die nicht mit beiden Füßen im Leben stehen? Schnell kann ein Traum zur Illusion, zur trügerischen Selbsttäuschung werden. Träumen ist eine Form von Überlebensstrategie, die helfen kann, den Alltag zu überleben. Wir müssen aber auch bereit sein, wieder Fuß zu fassen in der realen Welt. Auf dem Arbeitsblatt sollen die Schülerinnen und Schüler zunächst ihre Kommentare zu den vier Aussagen schreiben. Anschließend werden in Kleingruppen die Ergebnisse vorgelesen und besprochen. Dabei können die vorgegebenen Fragen eine Hilfestellung bieten.

**A9** - Was ist das für eine Jugend, mit der wir es heute zu tun haben? Was ist typisch für sie? Wie leben sie, wie denken und fühlen sie und wie verhalten sie sich? Was ist ihnen wichtig und was lehnen sie ab? Wie verbringen sie ihre Freizeit? Wie stehen sie zu ihrer Familie? Wie stellen sie sich ihre Zukunft vor? Wie leben sie heute Partnerschaft und Liebe? Welche Rolle spielen Drogen in ihrem Leben? Wie stehen sie zur Politik?... Fragen über Fragen, denen wir uns als Pädagogen und Pädagoginnen, die es täglich mit jungen Menschen zu tun haben, immer wieder neu stellen sollten. Darüber sollten wir mit ihnen sprechen. Das Arbeitsblatt will dazu anregen, die Themen zu finden, die jungen Menschen wirklich wichtig sind. Dabei sollten wir als Lehrende unsere Ohren weit öffnen und genau hinhören. Schnell geraten wir in die Gefahr, unsere Themen zu den Themen der Schülerinnen und Schüler zu machen und uns immer weiter von ihnen zu entfernen. Ich lege dieses Arbeitsblatt regelmäßig verschiedenen Klassen vor, um so zu sehen, was momentan aktuell ist. Die Liste kann immer wieder erweitert werden.

**A10** - Fragen, Fragen, Fragen, ... und wer weiß die richtige Antwort? Quizshows haben auf den Fernsehkanälen Hochsaison. Millionen Euro sind mit den richtigen Antworten zu verdienen. Fragen sind ein wichtiger Bestandteil unseres ganzen Lebens. Sie begleiten uns Tag für Tag. Sie motivieren uns, neues Wissen zu erlernen und nach vorne zu blicken, um die Welt zu erobern. Sie erweitern unseren Horizont. Aber wie ist es mit dem Lebenswissen? Welche Fragen sind hier von Bedeutung. Die Schülerinnen und Schüler sollen Fragen formulieren, deren Satzanfänge auf dem Arbeitsblatt notiert sind. Vielleicht finden sich auch Antworten.

**A11** - „Only bad news are good news" - so sagen viele Nachrichtenmacher. Mit guten Nachrichten lässt sich heute kein Geld mehr machen. Welche Themen sind es denn, die mich wirklich noch betreffen und aufregen? Das Arbeitsblatt gibt eine Liste von schlagwortartigen Themen vor. Die Schülerinnen und Schüler sollen für sich selbst und im Gespräch mit anderen deutlich machen, was sie noch bewegt, was sie über die Sachlage wissen und wie sie sich dabei engagieren könnten. Aktuelle Nachrichten in den Medien (Fernsehen, Zeitung, Radio und Internet) können hierbei hilfreich sein.

**A12** - Stellen wir uns vor, es gäbe eine Zeitung, die nur gute Nachrichten („Good News") verbreitet und alle, die sie lesen, würden sich daran erfreuen. Aus dieser Grundidee heraus ist das folgende Unterrichtsprojekt entstanden. Wir machen uns auf die Suche nach guten Nachrichten - in der großen und kleinen Welt - und dann machen wir eine Zeitung daraus. Es werden zunächst mehrere Gruppen gebildet. Jede Gruppe ist für einen Teil der Zeitung zuständig (Nachrichten aus aller Welt, Sport, Kultur, Kirche, Wirtschaft, Regional, Kinderseite, Computer, etc.). Ein Chefredakteur sorgt für die Koordination der einzelnen Bereiche. Ein Bildreporter macht sich auf die Suche nach geeigneten Fotos. Auch gute Nachrichten aus der Schule und dem Elternhaus sind mitteilungswert. Als Einstieg in das Projekt kann eine Übung mit Hilfe des Arbeitsblattes hilfreich sein, die den Blick zunächst einmal auf den persönlichen Bereich lenkt. Welche schönen und guten Nachrichten gibt es aus meinem persönlichen Umfeld? Worüber habe ich mich in letzter Zeit sehr gefreut (eine Begegnung, ein Gespräch, eine Party, ein Ausflug)?

**A13** - Möchten Sie auch gerne bewusst und intensiv leben? Wie kann ich das lernen? Oft leben wir an uns selbst vorbei, wenn wir unsere Erfahrungen, die Begegnungen, die Gefühle, die Gespräche, unsere Träume und Wünsche nicht bewusst durchleben. Die Übung auf dem Arbeitsblatt will die Schülerinnen und Schüler dazu ermuntern, einen Tag in ihrem Leben intensiv zu betrachten und alle Erlebnisse, Erfahrungen und Gefühle, die damit verbunden sind, zu notieren. Welche Bedeutung hat dieser Tag für mein Leben?

**A14 -** Ich erlebe, wie Jugendliche sich ganz deutlich von der Phase ihrer Kindheit abgrenzen. Sie reden darüber, als wäre es eine Zeit von Jahrzehnten, die seitdem vergangen ist („Die Kinder von heute ...", „Als wir noch Kinder waren, ..."). Sie sprechen aber auch darüber, was sie erlebt haben, was sie bewegt und geprägt hat. Die Übung mit Hilfe des Arbeitsblattes soll die Jugendlichen ermuntern, sich selbst auf die Spur in die eigene Kindheit zu machen. Wir sollten die Erfahrungen der Kindheit nicht unterschätzen, denn wir sind auch das Ergebnis dessen, was wir erfahren haben. Neben der Übung mit dem Arbeitsblatt ist auch eine gelenkte Phantasiereise eine Methode, um die Schülerinnen und Schüler in die Welt der Kindheit zu führen.

**A15 -** Was bedeutet in unserer Gesellschaft noch Lebensweisheit? Ist die Lebenserfahrung der Älteren noch wichtig für die Jungen? „Warte du mal erst, bis du alt genug bist." - „Lehrjahre sind keine Herrenjahre." ... Das sind Phrasen, auf die junge Menschen in der Regel sehr allergisch reagieren. Nicht als Lebenswissen, sondern als Bevormundung werden solche Formulierungen verstanden. Das Arbeitsblatt enthält eine Sammlung solcher (sicher oft gut gemeinter) Ratschläge. Die Schülerinnen und Schüler sollen sie übersetzen, wie sie es selbst verstehen (1) und wie die Eltern es gemeint haben könnten (2). Z.B. : „Warum kommst du so spät nach Hause?" - (1) „Immer kommst du unpünktlich. Das kann ich nicht ausstehen!" - (2) „Ich habe mir Sorgen gemacht." Es soll deutlich werden, dass solche Äußerungen oft falsch verstanden werden. Vielleicht sind sie ein Ausdruck von Sorge und Angst. Nicht alle Erwachsenen wollen alles besser wissen und nicht alles ist Bevormundung und Kontrolle. Mit Hilfe eines Rollenspiels könnten einzelne Formulierungen mit bestimmten Situationen verbunden und gespielt werden. Bei der ersten Runde wird dabei exakt der vorgegebene Wortlaut (mit entsprechenden Reaktionen) benutzt. Bei der zweiten Runde wird in der übersetzten Formulierung gespielt.

**A16 -** Eine Frage, die einen Menschen nachdenklich machen kann: Bist du glücklich? Wenn ich andere damit konfrontiere, stoße ich auf unterschiedliche Reaktionen. „Ja, manchmal ... Das kommt drauf an ... Eigentlich nicht so richtig ...", antwortet der Unsichere und Sensible. „Das geht dich überhaupt nichts an", lässt mich der Erschrockene abblitzen. „Dann müssen wir zunächst einmal darüber sprechen, was Glück überhaupt ist", erwidert der nachdenkliche Philosoph. Doch letztlich ist es das urmenschliche Streben, die Sehnsucht, die ihn durch das Leben treibt: das Glück zu finden. Die Frage nach dem Glück kann ein Anfang sein, um über mich und mein Leben nachzudenken. Nicht irgendwann, sondern heute, hier und jetzt. Das Arbeitsblatt will zu einem Rollenspiel ermuntern, in dem „Glück" und „Unglück" aufeinander treffen und miteinander diskutieren, wer wohl den größten Einfluss auf die Menschen und deren Einstellung zum Leben hat.

**A17 -** Frage des Lehrers / der Lehrerin: Erinnere dich an Augenblicke, in denen du sehr glücklich warst! Wie bist du damit umgegangen, als das Glücksgefühl vorbei war? Wie gehst du mit der Sehnsucht nach dem vergangenen

Glück um? Wie würdest du deine momentane Lebenssituation beschreiben? Was tust du, um glücklich zu sein? Was ist überhaupt Glück? Ein Brainstorming könnte helfen, den Begriff mit Sinn und Erfahrungen zu füllen. „Letztlich geht es in meinem Leben immer wieder um die eine Frage: Wie werde ich glücklich? Aber keiner hilft mir dabei, es zu finden. Es ist fast so, als wollte man es mir nicht gönnen", kommentierte eine Schülerin das Thema. Das war Anlass zu einem Projekt, in dem sich die Schülerinnen und Schüler zu „Glücks-Scouts" machten. Sie entwarfen eine Landkarte mit ganz verschiedenen Wegen zum Glück.

**A18 -** Sieger und Verlierer hat es immer schon gegeben, das ist nicht neu. Neu ist nur, dass sich unser Alltag durch diesen Konkurrenzkampf heute immer mehr zu einer Winner-Loser-Kultur entwickelt. Wenn aber der Gewinner das Leitbild in unserer Gesellschaft ist, wie wird ein Mensch damit fertig, dass er ein „Loser" ist? Wird er dann nicht selbst versuchen, ein Gewinner zu werden, indem er noch Schwächere findet? Wer sich gesellschaftlich ausgegrenzt fühlt, findet immer noch andere Außenseiter, auf die er seinen Hass richten kann. Es entwickelt sich ein Teufelskreis und am Ende steht eine gnadenlose Gesellschaft. Und es stellt sich die Frage, nach welchen Maßstäben Menschen als Sieger oder Verlierer bezeichnet werden. Sind die Starken unbedingt immer die Gewinner, oder liegt die eigentliche Stärke nicht doch in der Schwäche? Das stellt die gängigen Maßstäbe auf den Kopf. Ein interessantes Gedankenspiel, das enorme Konsequenzen für den Einzelnen und das Zusammenleben haben könnte. Das Arbeitsblatt will dabei helfen, typische Kennzeichen von Gewinnern und Verlierern zu finden und doch den Blick auf die Stärke der Schwachen zu lenken.

**A19 -** Zeichen und Figuren, Dreiecke, Vierecke, Blumen, Kreise - und alle sind angeordnet um eine Mitte. Damit ist in einem Satz beschrieben, was ein Mandala ist. Das Wort stammt aus dem Altindischen und bedeutet soviel wie „Kreis". Überall im Leben begegnen uns Mandala-Strukturen. Ich kann sie betrachten oder ausmalen. So gibt es viele Methoden, mit Mandalas umzugehen. Aber immer geht es um die Mitte, um die sich alles konzentriert, von der alle Bewegung ausgeht und auf die alles hinführt. Mandalas sind ein Spiegelbild meines Lebens. Setzen Sie die Schülerinnen und Schüler nicht unter Druck. Lassen Sie ihnen nach einer kurzen Hinführung Zeit, das Mandala auszumalen. Musik im Hintergrund kann dabei sehr hilfreich sein. Erzwingen Sie auch keine Ruhe. Leise Unterhaltungen sollten zugelassen werden. Sie werden merken, wie sich die Jugendlichen nach einiger Zeit in das Bild versenken. Viele Mandalas und Hinweise zu deren Einsatz finden Sie auf der CD-ROM: Arthur Thömmes: 99 Mandalas. Zum Ausdrukken, Ausmalen und Meditieren, Kösel-Verlag, München 2001 und den Mandala-Veröffentlichungen von Christine Bellinghausen beim Deutschen Katecheten-Verein.

**A20 -** Den vorliegenden Kettenbrief erhielt ich als E-mail. Er lädt dazu ein, die eigene Sichtweise der Dinge kritisch zu hinterfragen. Es ist der Blickwinkel, der die Welt in einer bestimmten Weise erscheinen lässt. Und dabei kann es hilfreich sein, über meinen eigenen Tellerrand hinaus zu blicken. Zur noch besseren visuellen Verdeutlichung können die vorgestellten Daten in Form einer Collage aufarbeitet werden. Der Brief kann auch Anlass sein, über die eigenen Erfahrungen mit Kettenbriefen zu sprechen und vielleicht dazu zu motivieren, Briefe mit guten Nachrichten zu formulieren. Auch eine SMS-Aktion wäre interessant - etwa nach dem Motto: Jeden Tag eine gute Nachricht!

**A21 / A22** - Wir sind in unserem Leben ständig irgendwelchen Einflüssen ausgesetzt, die uns scheinbar oder offensichtlich in unserem Freiheitsstreben einschränken. Die Schülerinnen und Schüler sollen mit Hilfe der Arbeitsblätter überlegen, welche Einflüsse auf sie selbst einwirken und wo sie selbst Einfluss ausüben. Dies geschieht in Einzelarbeit. Anschließend werden die Ergebnisse verglichen und besprochen.

**A23** - Zu sich selbst finden, Selbstvertrauen und Selbstwertgefühl entwickeln, das ist eine wichtige Aufgabe des Erziehungsprozesses und der Persönlichkeitsentwicklung. Es kann gefördert oder blockiert werden. Das Arbeitsblatt will die Schülerinnen und Schüler dazu ermuntern, das eigene Selbstbewusstsein zu reflektieren, daran zu arbeiten und für sich selbst eine Art Lebensdevise zu entwickeln. Es ist keine Rezeptsammlung für ein geglücktes Leben, sondern eine Art Fundgrube, die kritisch betrachtet werden sollte.

**A24 / A25** - Religionsunterricht kann spannend sein, besonders dann, wenn er abwechslungsreich und kreativ gestaltet wird. Neue Zeiten verlangen nach neuen Möglichkeiten, die Inhalte zu erarbeiten und zu vermitteln. Dabei bieten besonders spielerische Unterrichtsmethoden eine hervorragende Möglichkeit, Jugendliche ins Gespräch zu bringen. Das vorliegende Spiel beinhaltet noch einen weiteren wichtigen Aspekt. Es fördert das kreative Handeln und die soziale Kompetenz. Ich benutze die Vorlage häufig, um ein im Unterricht behandeltes Thema in spielerischer Form aufzuarbeiten. Dabei ergeben sich ganz neue Aspekte und Zugangsmöglichkeiten.

**A26** - Wie werde ich von den anderen Menschen wahrgenommen? Eine schwierige Frage. Antworten erhalten wir häufig von Menschen aus unserem Umfeld. Sie weisen uns darauf hin, wie sie uns erleben und was sie von uns halten. Ab und zu ist es wichtig, in den Spiegel zu schauen und mich offen und ehrlich wahrzunehmen. Da sehe ich schlechte und fehlerhafte Seiten, die mich ärgern und die ich am liebsten ausblenden möchte. Und da sehe ich gute und schöne Seiten, meine Talente und Begabungen, auf die ich stolz sein kann. Das Arbeitsblatt bietet eine Hilfe zur Selbst- und Fremdeinschätzung. Zunächst erhält jeder Schüler zwei Blätter. Auf einem Blatt schätzt sich jeder selbst ein und auf dem zweiten einen Partner, den er sich vorher ausgesucht hat. Anschließend werden die eigenen Einschätzungen mit denen der Gesprächspartner verglichen und besprochen. Bei großen Abweichungen zwischen Selbst- und Fremdeinschätzung kann es spannend werden. Diese Methode ist eine Art Selbsterfahrung, bei der der Lehrer/die Lehrerin unbedingt darauf achten sollte, dass die Schülerinnen und Schüler die nötige Reife mitbringen. Daher sind eine Einführung und ein vorausgehendes Gespräch unabdingbar. Jugendliche mit geringer Belastbarkeit sollten nicht dazu gezwungen werden, bei dieser Selbsterfahrung mitzumachen. Bei kritischen Situationen sollte die Lehrkraft entsprechende Hilfe leisten. Erfahrungsgemäß gehen Jugendliche vorsichtig und mit dem nötigen Ernst an diese Übung. Oft erhalte ich die Rückmeldung, dass das Arbeitsblatt in der eigenen Familie oder mit Freunden bearbeitet wurde.

**A27** - In einer zunehmend anonymer werdenden Welt fällt es immer schwerer, von sich selbst zu erzählen. Der Religionsunterricht sollte dazu ermuntern, nicht nur über etwas zu reden, sondern auch sich selbst ins Spiel zu bringen. Das Arbeitsblatt will dazu ermuntern. Es lässt sich auch als Methode zum Kennenlernen einsetzen.

**A28** - Manchmal brauchen wir Bilder, um etwas zu verdeutlichen. Die Übung will dazu anregen, von sich selbst in Form von Bildern zu sprechen.

**A29** - Jeder kann etwas. Es ist wichtig, dass Jugendliche ihre eigenen Fertigkeiten und Fähigkeiten entdecken, um so ein gesundes Selbstwertgefühl zu entwickeln. Und da gibt es eine sehr breite Palette an Begabungen und Talenten. Die Schülerinnen und Schüler sollen sich auf die Suche machen und sich gegenseitig ihre Stärken und Schwächen vorstellen. Auch der Lehrer bzw. die Lehrerin sollte sich dabei nicht zurückhalten. Hier erfahre ich immer viel von meinen Schülerinnen und Schülern. Da gibt es Menschen, die musikalisch sind, die malen oder gar ein außergewöhnliches Hobby haben. So kann ich auch gezielt bestimmte Schülerinnen und Schüler ansprechen und sie mit ihren Talenten einbinden (z. B. bei einem Projekt).

**A30** - Manchmal ist es wichtig, zu wissen, wie sich mein Gegenüber fühlt, um richtig agieren und reagieren zu können. Das gilt auch für den Unterricht. Das „Gefühlsbarometer" kann von Zeit zu Zeit eingesetzt werden, um die momentane Stimmung in der Klasse zu erforschen. Dazu gibt es mehrere Möglichkeiten. Der Lehrer kann das Blatt mit den Gesichtern an jeden Schüler verteilen und jeder versucht für sich die eigene Gefühlsstimmung zu erforschen. Wer will, kann etwas dazu sagen. Oder: die drei Gesichter werden an die Tafel gemalt. Wer will, kann nach vorne gehen und hinter das entsprechende Gesicht ein Kreuzchen machen. So ist leicht zu erkennen, was in der Klasse los ist. Vielleicht wollen die Schülerinnen und Schüler darüber reden. Ein Gespräch sollte keinesfalls aufgedrängt werden.

**A31** - Oft sind es die anderen Menschen, die mir den Spiegel vorhalten. Und Kritik annehmen, das kann nicht jeder. Da kann es ab und zu hilfreich sein, mich selbst zu betrachten, so wie ich bin und wie ich mich verhalte. Das Arbeitsblatt lädt dazu ein. Dabei ist es nicht immer sinnvoll, über die Ergebnisse zu sprechen (Eine Schulklasse ist keine Selbsterfahrungsgruppe!). Thematisiert werden könnte aber die Methode (Wie ist es mir dabei ergangen? Was habe ich über mich erfahren?). Die Fremdeinschätzung könnte im persönlichen Umfeld (Familie, Freunde) gesucht werden.

**A32** - „Wie geht es dir?" - das ist wahrscheinlich die Frage, die einem Menschen im Laufe des Tages am häufigsten gestellt wird. Eine wichtige und sehr persönliche Frage, die leider all zu häufig zu einer Floskel geworden ist. Interessiert mich die Befindlichkeit meiner Mitmenschen überhaupt noch? Meine ich die Frage ernst? Und ist meine Antwort ehrlich? Sprechen Sie einmal mit Ihren Schülerinnen und Schüler darüber. „Wie geht es euch?" - Diese Frage stelle ich fast immer, wenn ich einen Klassenraum betrete. Die Schülerinnen und Schüler kennen die Frage und ich habe das Gefühl, dass die Antworten ehrlich sind. Und so nimmt der Unterricht oft einen ganz anderen Verlauf als geplant. Übrigens: auch die Schülerinnen und Schüler dürfen mich fragen, wie es mir geht. Und meistens bin ich ehrlich mit der Antwort.

**A33** - Meine Masken - wie sehen sie aus? Habe ich zu jeder Gelegenheit die passende Maske? Für frohe und für traurige Stunden. Aber wie sieht es hinter der Maske aus? Wie ist mein wahres Gesicht? Die Schülerinnen und

Schüler sollen sich eine vertraute Person aussuchen und über die eigenen Masken ins Gespräch kommen. Vielleicht hilft die Übung auch, in Zukunft öfter einmal die Maske abzunehmen. Es gibt noch viele Möglichkeiten, mit dem Motiv „Maske" zu arbeiten. So können selbst Gesichtsmasken angefertigt werden, oder die Schülerinnen und Schüler schreiben ein Theaterstück dazu.

**A34 -** Wir leben in einer sehr körperbewussten Gesellschaft und geben acht auf unsere Gesundheit. Aber dass dem Körper auch eine Form von Sprache zur Verfügung steht, übersehen wir gerne. Die Kopfschmerzen, die Atembeschwerden oder die Herzrhythmusstörungen - sie wollen uns etwas sagen, uns auf etwas aufmerksam machen. Oft hat es mit der Lebenssituation zu tun, in der ich gerade stehe. Der Körper hält eine Art Warnsignal parat, auf das ich achten sollte. Auch junge Menschen kennen diese Erfahrungen. Über die Redewendungen lässt sich gut ein Zugang zu diesem Thema finden.

**A35 -** „Lach doch, Gott liebt dich" - Unser alter Pfarrer hatte den Spruch auf seinem Auto stehen. Daraus entstand dieses Lied. Ich habe es oft gesungen und die unterschiedlichsten Reaktionen erlebt. Von „das ist doch zu naiv" bis „der Satz beinhaltet das Wesentliche". Vielleicht sollten wir Christen wirklich ein wenig erlöster aussehen und handeln, damit wir glaubhafter werden. Ich halte es lieber mit der Frohen Botschaft, denn nur sie kann wirklich anstecken. „Lach doch, Gott liebt dich" – das ist die christliche Grundhaltung in einer elementarisierten Form. Nicht alles muss immer kompliziert sein. Das Lied kann von den musikalischen Schülerinnen und Schülern erarbeitet und dann gemeinsam gesungen und besprochen werden. Der Text dient als Anregung, über das Lachen ins Gespräch zu kommen.

**A36/ A37 -** Wer wäre nicht gerne selbstbewusst, attraktiv, belastbar und beliebt? Wie bin ich und wie möchte ich gerne sein? Wie erlebe ich mich selbst und wie nehmen andere mich wahr? Wie werde ich zu dem Menschen, der ich gerne sein möchte? Das sind Fragen, die jeden Menschen ein Leben lang bewegen. Der Psychologe Carl Rogers hat in seiner „personenzentrierten Theorie der Persönlichkeit" das Modell des Selbstkonzeptes entwickelt, mit dessen Hilfe er das Verhalten und Erleben eines Menschen zu erklären versucht. Im Arbeitsblatt A36 wird diese Theorie kurz vorgestellt. Die Schülerinnen und Schüler sollen versuchen, mit Hilfe dieser Theorie ihr eigenes Selbstkonzept kritisch zu beleuchten (A37). Auch hier geht es um Selbsterfahrung und Selbsterkenntnis. Die Ergebnisse müssen nicht unbedingt diskutiert werden.

**A38 -** Manchmal spüren wir, dass wir im Leben besser zurecht kommen, wenn wir auf unsere Gefühle achten. Sie können in vielen Situationen so etwas wie ein Kompass sein. Das Schlagwort von der „emotionalen Intelligenz" machte in den letzten Jahren die Runde. Es kann hilfreich sein bei der eigenen Lebensgestaltung. Es geht darum, die eigenen Gefühle wahrzunehmen, sie zu verstehen und zum richtigen Zeitpunkt klug und angemessen einzusetzen (kontrollierte Emotionalität). Das heißt aber nicht, den Gefühlen freien Lauf zu lassen, den Kopf auszuschalten, sondern die richtige Mischung zu finden zwischen Vernunft und Gefühl. Auch das sollten Kinder und Jugendliche in der Schule lernen. Das Arbeitsblatt kann hilfreich sein bei der Hinführung zu diesem Thema. Nach der Erarbeitung der Thesen von Daniel Goleman können die vorgeschlagenen Fragen in Kleingruppen besprochen werden. Neben dem Gespräch können die Schülerinnen und Schüler versuchen, verschiedene Gefühle darzustellen (Mimik, Gestik, Körperhaltung, Stimme, Tonfall) oder in Gesichtern (Smileys) zu malen. Interessante Vorlagen finden Sie im E-mail-Bereich. Dort werden sie benutzt, um Stimmungen auszudrücken. Auch eine Suche nach Gefühlswörtern (z. B.: froh, traurig, wütend, lustig, aufgeregt) kann spannend sein. Besonders geeignet sind Übungen oder Beispiele aus der populären Musik, die Gefühle musikalisch-rhythmisch zum Ausdruck bringen.

**A39** - Vielen fehlen heute die Grundkenntnisse über den christlichen Glauben. Diese Erfahrung mache ich täglich. Deshalb ist es immer wieder wichtig, auf die Grundlagen des christlichen Glaubens zu blicken. Ich erlebe bei religiösen Themen viel Widerstand und Hilflosigkeit der jungen Menschen. Oft können sie mit der formelhaften Sprache nichts anfangen, denn sie verwehrt ihnen den Zugang zu den Inhalten. Das Arbeitsblatt lädt ein zur Auseinandersetzung und zum Weiterdenken. Neben den vorgegebenen Anregungen sind auch andere Methoden hilfreich (Wir schreiben einen Credo-HipHop, Interview von Glaubensexperten und Zweiflern). Ich verweise ausdrücklich auf das „Credo-Projekt" der Zeitschrift Publik Forum, wo viele hilfreiche Anregungen für den Unterricht zu finden sind.

**A40** - Kirche – pro und contra. Das ist natürlich ein beliebtes Thema und auch die Methode ist bewährt. Ich stelle allerdings in den letzten Jahren zunehmend fest, dass es den jungen Menschen immer schwerer fällt, Pro-Argumente zu finden und diese auch zu vertreten. So geschieht die kontroverse Diskussion meist nur in Form eines Rollenspiels. Als sehr hilfreich hat sich dabei erwiesen, kirchliche Vertreter (Pfarrer, Diakon, Ordensschwester, Pastoralreferent/in) zu einem Gespräch in den Unterricht einzuladen.

**A41** - Welches Bild bieten Christen in der Öffentlichkeit? Welche Vorstellungen kursieren in den Köpfen der Menschen? Bei der Besprechung des Arbeitsblattes werden Sie sehr schnell bemerken, dass die Jugendlichen in vielen Positionen ein Sprachrohr ihres Umfeldes sind. (Wie denkt man über Menschen, die jeden Sonntag den Gottesdienst besuchen?!)

**A42** - Wo spricht man heute noch von Gott? In der Familie, im Gottesdienst, in der Schule? Wie sieht meine persönliche Gottesvorstellung und -beziehung aus? Die vorgegebenen Positionen können als Diskussionsgrundlage genommen werden.

**A43** - Die Frage nach Gott ist ein zentrales Thema der religiösen Erziehung. Doch das Sprechen von Gott wird immer schwieriger. War das Thema vor einigen Jahren noch sehr spannungsreich, treffe ich heute auf eine weit verbreitete Sprachlosigkeit und zum Teil großes Desinteresse. Unsere „Gottesbilder" haben sich im Medienzeitalter geändert. Die alten Bilder (der liebe Gott, der alte Opa, der Zauberer, der Vater, der Hirte, der Bestrafer, der Belohner, der Klempner, der Mitmenschlichkeitsgott) werden meist nicht mehr verstanden. Unsere Schülerinnen und Schüler müssen angesichts der Sprachlosigkeit wieder lernen, von Gott zu reden. Die neuen Medien helfen uns dabei. Von der Gruppe „Faithless" stammt der Titel „God is a DJ". Der DJ, der Schöpfer kreativer Klänge, der die Masse durch seinen Mix zum Tanzen bringt. Und so soll Gott sein? Zugegeben, ein ungewohntes Bild. Aber neue Zeiten verlangen auch neue Bilder. Machen Sie sich mit Ihren Schülerinnen und Schülern auf die Suche nach Gottesvorstellungen im

Bereich der populären Musik. Und denken Sie daran: hier sind die Jugendlichen die Experten. Vielleicht bietet sich eine neue Möglichkeit, Neugier zu wecken auf diesen unbekannten und unbegreiflichen Gott. Eine weitere Projektidee: Die Schülerinnen und Schüler gestalten ein Bilderbuch zum Thema „Gottesvorstellungen". (Literaturhinweis: Arthur Thömmes, Gott in der Hitparade, in: Katechetische Blätter 2/2000, S. 143-144)

**A44** - Der Griff zum Handy ist für viele junge Menschen heute ein alltäglicher Vorgang. Die hohen Telefonkosten sind in manchen Familien ein regelmäßiges Streitthema. Selten nur noch werden Briefe geschrieben. Die vorgeschlagene imaginäre Übung (Ein Brief an Gott) setzt die Bereitschaft der Schülerinnen und Schüler voraus, sich diesen Gott, der so unvorstellbar ist, als Briefpartner vorzustellen. Der Brief könnte die Form eines Liebesbriefes haben, vielleicht ist er aber auch ein Mahnschreiben. Oder wie wäre es mit einer „SMS an Gott".

**A45** - Wie kann ich lernen, über meine Erfahrungswelt hinaus die andere Dimension wahrzunehmen? In einer Zeit der Patchwork-Religion sammeln viele Menschen Glaubenserfahrungen anderer Menschen, überprüfen sie auf ihre Nützlichkeit für das eigene Leben und basteln sie zu ihrer eigenen Religion zusammen. Daher müssen wir im Religionsunterricht neue Ansätze entwikkeln, den Schülerinnen und Schülern Werkzeug in die Hand geben, die sie zur „Unterscheidung der Geister" befähigt. Aber dazu gehört auch die Bereitschaft, unseren christlichen Glauben auf die Probe stellen zu lassen und für ihn zu werben. Wir können Gott nicht als fertiges Paket abliefern. Wir sollten den jungen Menschen Hilfestellung geben, zum eigenen Gottesbild zu finden und zunächst zu lernen, Gottes Spuren in dieser Welt zu erspüren. Vielleicht ist er ja auch im Internet zu finden?!

**A46** - Als Religionslehrer träume ich ab und zu davon, dass ich Jugendliche begeistern könnte von Jesus. Das vorgestellte Unterrichtsprojekt bietet eine Möglichkeit, dass sich die Schülerinnen und Schüler selbst auf den Weg machen, um mit und für Jesus zu werben. In Zusammenarbeit mit der Kirchengemeinde könnte das Thema erweitert werden: Wie können wir Menschen in unserer Gemeinde wieder für den Glauben begeistern?

**A47** - Rollenspiele haben den Vorteil, dass ich mich in die Position und Haltung eines anderen hineinversetzen kann. Dabei wird oft mit Übertreibungen gearbeitet, um die Einstellungen zu verdeutlichen. Mit dem vorgeschlagenen Rollenspiel haben Sie die Möglichkeit, sehr nahe an das Lebensgefühl und die Glaubensvorstellungen junger Menschen zu kommen. Seien Sie daher als Lehrperson offen für die kritische Sichtweise der Jugend. Verstehen Sie bitte nicht jede Äußerung als persönlichen Angriff.

**A48** - Nichts kann uns geschehen, was uns aus der Bahn wirft. Gott ist bei uns und ihm können wir vertrauen. Er fängt uns auf, wenn wir nur noch ein schwarzes Loch sehen, das uns begräbt. Auf ihn können wir uns verlassen. Er hat unserem Leben und unserem Sterben einen Sinn gegeben. Er hat dem Tod den Schrecken genommen, denn hinter der dunklen Schwelle geht es mit uns und seiner Liebe zu uns weiter. Eine Weisheit, die schon vor 3000 Jahren den Menschen Mut zum Leben gab – auch angesichts des Todes. Das Arbeitsblatt versucht den Psalm 23 in unsere Zeit zu übertragen. Vielleicht haben die Schülerinnen und Schülerinnen ganz andere Ideen, wenn sie einen Psalm für unsere Zeit schreiben, in dem sie ihre Freude, ihren Schmerz und ihre Wut ausdrücken können.

**A49** - Der Markt der Sinnstifter ist groß, die Palette der Angebote vielfältig. Jeder kann sich seine Religion so zusammenbasteln, wie er sie gerade braucht. Für jeden Geschmack steht etwas bereit. Sich eindeutig und überzeugt - ohne Wenn und Aber - einer Religion oder Konfession zugehörig zu fühlen, wird immer seltener. Welche Angebote gibt es auf dem Markt? Welche Inhalte bieten sie an? Bieten sie eine wirkliche Lebenshilfe oder verkaufen sie nur Illusionen? Spielen Schuldgefühle, Angst, Bestrafung und Unterdrückung eine Rolle? Die vorgegebene Methode will vor allem die selbstständige und kritische inhaltliche Auseinandersetzung fördern. Dabei sollen sich die Schülerinnen und Schüler mit Hilfe unterschiedlicher Medien mit dem jeweiligen Thema vertraut machen (Bücher, Zeitschriften, Filme, Internet) und sie anschließend auf einem Markt der Möglichkeiten vorgestellt. Dabei sollte deutlich werden, dass es nicht um Sieger und Verlierer geht. Ich stelle immer wieder fest, dass bei der Präsentation das Christentum von den Schülerinnen und Schüler eher mit seinen schlechten Seiten präsentiert wird. Es fällt scheinbar schwer, die gute und befreiende Nachricht zu erkennen und zu vermitteln. Hier werde ich selbst immer wieder als bekennender Christ gefordert. Ich stehe Rede und Antwort und erzähle den Jugendlichen, was Christsein für mich und mein Leben bedeutet. Es ist sinnvoll, vor Beginn des Projektes eine Unterrichtsstunde mit dem Thema „Wie suche ich richtig?" zu gestalten. Vor allem das Suchen im Internet sollte eingeübt werden. (Was suche ich? Welche Suchmaschine ist die richtige? Wie suche ich? Was mache ich, wenn ich etwas gefunden habe?) Auch bei der Art der Präsentation können die Schülerinnen und Schüler die Methode wählen, die ihnen am besten liegt. Motivierend ist es, wenn die Schülerinnen und Schüler wissen, dass die Präsentation benotet wird. Bei einer abschließenden Reflexion kann ein Kriterienkatalog mit wichtigen Hinweisen und Fragen bei der Bewertung der Angebote gemeinsam erarbeitet werden. Z.B.: Es herrscht Religionsfreiheit, aber wo die Freiheit auf dem Spiel steht, hört die Religion auf, reine Privatsache zu sein.

**A50** - Es gibt Unterschiede zwischen den Menschen und gerade diese Unterschiede sind oft die Ursache von Vorurteilen. Es kann schwer fallen, das Anderssein zu akzeptieren. Eine wichtige Aufgabe auch der Schule ist die Erziehung zur Toleranz. Wir erleben es täglich: mit einem vorschnellen Urteil, das nicht mit der Wirklichkeit übereinstimmt, drücken wir Menschen einen Stempel auf. Mit falschen und einseitigen Bewertungen von Einzelpersonen und Gruppen umgehen wir geschickt die kritische und objektive Auseinandersetzung. Die Opfer von Vorurteilen werden oft zu Sündenböcken (ein Begriff aus der Bibel: Levitikus 16), die auch unser eigenes Versagen stellvertretend auf sich nehmen. Das Arbeitsblatt will dazu anregen, sich spielerisch mit Personen und Gruppen auseinander zu setzen, die Opfer von Vorurteilen sind - in diesem Fall: unserer eigenen Vorurteile. Die Klasse wird in mehrere Gruppen eingeteilt. Jede Gruppe sucht 5 Personen aus, die sie in ihre Wohngemeinschaft aufnehmen bzw. nicht aufnehmen will. Die Auswahl sollte jeweils begründet werden.

**A51** - Manchmal sind Regeln in einer Klassengemeinschaft unerlässlich. Besonders dann, wenn der Großteil der Unterrichtszeit mit disziplinarischen Maßnahmen verschwendet wird. Ich behelfe mir dann gelegentlich mit einem Klassenvertrag. Die Schülerinnen und Schüler schließen untereinander und mit den Lehrern einen Vertrag. Darin geht es um die Art und Weise, wie wir miteinander umgehen. Es werden in der Klasse Verhaltensregeln gesammelt und auf einem Plakat notiert. (Ich höre zu, wenn andere sprechen! Wir sind eine Gemeinschaft, in der keiner ausgeschlossen wird! Wir sagen einander die Meinung offen und ehrlich! Auch Lehrer sind Menschen. Wir akzeptieren das! Wir helfen uns gegenseitig! ...) Alle Schüler und Lehrer unterschreiben diesen Vertrag und bestätigen damit, dass sie sich an die vorgegebenen Regeln halten werden. Von Zeit zu Zeit wird der Vertrag wieder Gegenstand des Unterrichtsgespräches. Eventuell müssen dann Vorgaben gestrichen und durch neue ergänzt werden.

**A52** - Es tut gut, wenn ein anderer mir etwas Gutes sagt. Die folgende Übung kann eine Hilfe sein, einmal auf die guten Seiten der Mitschüler zu schauen. „Ich möchte dir sagen, was ich gut an dir finde und schenke dir ein gutes Wort." Jeder Schüler erhält etwa 3 aus der Vorlage ausgeschnittene Zettel, die er mit einem guten Wort an verschiedene Mitschülerinnen und -schüler verschenken kann. Erfahrungsgemäß kann es problematisch werden, wenn einige keine Zettel erhalten. Daher sollten die Schülerinnen und Schüler ermuntert werden, besonders denen ein gutes Wort zu schenken, die sonst eher unter Beschimpfungen zu leiden haben. Der Lehrer/die Lehrerin sollte den Gruppenprozess genau beobachten. Eine anschließende Reflexion ist besonders wichtig.

**A53** - Hände und Pfeile - was könnte damit gemeint sein? Pfeile für Angriffe, Gefahren, Verführungen, ... Hände für Schutz, Geborgenheit, Wärme? Und was steckt unter den Händen? Vielleicht können die Schülerinnen und Schüler etwas (sich selbst?!) in die Mitte malen. Es gibt viele unterschiedliche Methoden, sich mit Bildern auseinander zu setzen. Hier einige Anregungen: a.) Das Bild still betrachten und auf sich wirken lassen. Dann erzählt jeder, was er sieht und was dies bedeuten kann. b.) Die Schülerinnen und Schüler schreiben Assoziationen auf ein Blatt. Diese werden auf ein Plakat geheftet. c.) Das Bild und seine Teile sprechen lassen: die Pfeile: „Ich werde dich schon kriegen. Es hat keinen Zweck, sich zu verstecken ..."; die Hände: „Ich werde dich beschützen. Hab´ keine Angst! ..." ...

**A54** - Wie reagiere ich, wenn ich getroffen werde vom Tod eines lieben Menschen? Welche Gedanken habe ich, wenn ich an das Sterben und den Tod denke? Das Arbeitsblatt will helfen, in die Problematik einzusteigen und die eigenen Erfahrungen mit Tod und Sterben zu überdenken. Der Tod ist eine unausweichliche Realität. Und doch: der Tod ist ein Ärgernis, ein Skandal im Abenteuer des Lebens. Wir verdrängen ihn, beschönigen ihn oder verdecken ihn durch Geschäftigkeit. Im Vordergrund stehen die Ideale eines jugendlichen, unbeschwerten und erfolgreichen Lebens. Dabei gilt der Tod als Störfaktor. Doch er ist da und bleibt unausweichlich. Auch im Rahmen des Religionsunterrichts ist das Thema Tod ein heikles Thema, mit dem ich vereinzelt auf Widerstand stoße. Ich erlebe, dass ein Schüler bei Ankündigung des Themas aufspringt, laut schreit und aus der Klasse flüchtet. Oder eine Schülerin bricht in Tränen aus. Die Ursache dieser Betroffenheit erfahre ich dann in einem anschließenden Einzelgespräch. Oft ist es eine persönliche Erfahrung mit dem Tod. Meist ist ein nahestehender Mensch gestorben und die schon verdrängte Betroffenheit wird wieder aufgewühlt. Auch hier ließe sich ein sehr sachlicher Unterricht gestalten, über Tod und Auferstehung und die Antworten der Religionen. Doch die

Betroffenheit bleibt. Daher gilt es, einfühlsam mit den Erfahrungen der Schülerinnen und Schüler umzugehen. Auch hierzu lade ich Experten in den Unterricht ein: einen Arzt, einen Bestatter oder einen Pfarrer. Die Schülerinnen und Schüler bringen sich bei diesen Expertengesprächen erfahrungsgemäß sehr interessiert und offen ein.

**A55 -** „Lebe jeden Tag, als wäre es dein letzter!" – so lautet eine Lebensweisheit. Was also würde ich tun, wenn es dann wirklich der letzte Tag wäre? Würde ich die Dinge tun, die ich schon immer mal machen wollte, wozu ich aber nie den Mut hatte. Eine spannende Frage, bei der die Schülerinnen und Schüler viele Ideen entwickeln: einkaufen, Spaß haben, mit Freunden reden, einem bestimmten Menschen einmal richtig die Meinung sagen, nur noch heulen, ... Die Schülerinnen und Schüler können die Möglichkeiten, die sie für sich sehen, auf dem Arbeitsblatt ankreuzen. Anschließend reflektieren sie ihre Auswahl im Gespräch. Am Ende bleibt die Feststellung: Warum das alles an einem Tag, an meinem letzten Tag? Wenn das alles so wichtig ist in meinem Leben, warum tue ich es nicht heute und jetzt? (CD-Tipp: Basis: Wenn ich nur noch einen Tag zu leben hätte). Nutze den Tag, das heißt: lebe bewusst und mache etwas aus deiner Zeit. Nicht morgen, sondern heute. Letztlich ermöglicht uns die Erfahrung der Begrenztheit und Endlichkeit, unser Leben bewusst zu leben und es wirklich zu genießen.

**A56 -** „Wertekrise", „Ego-Gesellschaft", „Werteverlust", „Wertewandel" – das sind wichtige Schlagworte der letzten Jahre. „Der Ehrliche ist der Dumme" lautet der Titel eines Buches und wurde zum geflügelten Wort. Und der Musiktitel „Du musst ein Schwein sein in dieser Welt" rief bei meinen Schülerinnen und Schülern immer wieder Zustimmung hervor. Das Arbeitsblatt lädt ein zu einer kritischen Bestandsaufnahme des Wertebewusstseins in unserer Gesellschaft. Was sind Werte und welche Bedeutung haben sie heute für die Menschen? Welches sind die wichtigsten Werte, nach denen die Menschen ihr Leben ausrichten und welche Bedeutung hat das für den Einzelnen und das Zusammenleben in Gemeinschaften? Ich setze dieses Arbeitsblatt schon viele Jahre ein. Interessant ist dabei, dass sich die Rangfolge im Laufe der Jahre ändert. Die aktuelle Reihenfolge in meinem Unterricht: 1. Materielle Werte 2. Vitale Werte 3. Persönliche Werte 4. Geistige Werte 5. Soziale Werte 6. Religiöse Werte. Das gibt zu denken. Warum dies so ist, können Ihnen Ihre Schülerinnen und Schüler sagen. Fragen Sie einmal nach!

**A57 -** Der Fragebogen „Bist du ein guter Mensch?" stellt alltägliche Situationen und mögliche Verhaltensweisen vor. Eine Testperson, die sich als guter Mensch bezeichnet, wird befragt. Einige angegebene Verhaltensweisen sind überspitzt dargestellt. Sie zeigen aber mit Sicherheit ein Stück Realität. Schon einige Male habe ich mit Schülerinnen und Schüler bestimmte Situationen gestellt, um herauszufinden, wie sich die Menschen verhalten. Ein Schüler legt sich in der Pausenhalle auf den Boden. Wie werden sich die anderen verhalten? Oder wir legen einen Geldbeutel auf einen Tisch. Wer greift zu? Und was macht er/sie damit? Die Aktionen werden anschließend mit den Betroffenen reflektiert.

**A58 -** Das Arbeitsblatt will helfen, über das eigene Werteverständnis nachzudenken. Jeder Schüler versucht zunächst für sich persönlich eine Hitparade der Werte zu erstellen. Es ist sinnvoll, eine Skala von etwa 1 - 8 anzulegen. Danach werden die einzelnen Wertungen in eine Gruppenrangfolge übertragen. Welches sind wohl die wichtigsten Werte? In der Gruppe werden nun die einzelnen Werte besprochen und die Schülerinnen und Schüler haben die Möglichkeit, ihre eigene Wahl zu begründen bzw. sie hinterfragen zu lassen.

**A59** - „Warum soll ich mich da einmischen. Ich halte mich lieber raus, das ist einfacher. Außerdem kann ich als Einzelner sowieso nichts ausrichten." So oder ähnlich äußern sich Schülerinnen und Schüler, wenn wir im Unterricht über Zivilcourage sprechen. „Wegschauen ist nicht mehr erlaubt. Wir brauchen einen Aufstand der Anständigen", so forderte Bundeskanzler Schröder die Bürger angesichts rechtsradikaler Übergriffe auf. Es ging kein Ruck durch die Gesellschaft. Die Menschen standen nicht massenweise auf, um sich einzumischen. Wo sind die geblieben, die Heldinnen und Helden des Alltags in einer Gesellschaft, die die Mentalität des Wegschauens pflegt? Vorbilder sind gefragt, in den Elternhäusern, im Beruf, auf der Straße. Vorbilder, die nicht nur aktiv werden, wenn sie einen Vorteil davon haben. Und hier setzt die Aufgabe des Religionsunterrichts als Lebenshilfe an. Nicht der moralisierende Zeigefinger, sondern die Ermunterung zur guten Tat sind gefragt. Das Arbeitsblatt will dazu anregen, über die „Helden des Alltags" nachzudenken. Vielleicht steckt ja in jedem von uns ein solcher.

**A60** - Früher nannte man es einmal Nächstenliebe. Aber der Begriff scheint in der Versenkung verschwunden zu sein. Viel häufiger hört und liest man heute „Zivilcourage". Was aber genau ist damit gemeint? Die Recherche steht vor der Ausgestaltung des Plakates. Vielleicht kann daraus sogar ein Wettbewerb innerhalb der Schule entstehen, der Wellen schlägt.

**A61** - Es sind viele Faktoren, die unser Leben bestimmen. Auch Jugendliche kennen dieses Gefühl. Sie müssen schon sehr früh Entscheidungen treffen, die ihr Leben in eine bestimmte Bahn lenken. Und das geht nur mit einem freien Kopf. Aber sich auf das Wesentliche und Wichtige in meinem Leben zu konzentrieren – dazu braucht es Ruhe, Zeit und den nötigen Weitblick. Mit Hilfe des Arbeitsblattes sollen die Schülerinnen und Schüler überlegen, was für ihr Leben wichtig bzw. unwichtig ist. Jeder füllt das Blatt zunächst alleine aus. Dann werden in einer Art Prioritätenliste die einzelnen Meinungen abgerufen – eine Repräsentativumfrage in kleinem Rahmen. Welche Reihenfolge ergibt sich? Was ist am wichtigsten für das Leben und was hat keine Bedeutung?

**A62** - Es geht um das Gewissen, um Schuld, Versagen und Neuorientierung. Angesichts der gesellschaftlichen und politischen Tagesnachrichten fällt es mir immer schwerer, das Thema im Unterricht aufzuarbeiten. „Die sind doch alle korrupt und fühlen sich nicht schuldig, selbst dann, wenn man sie überführt!" So oder ähnlich rechtfertigen heute viele Menschen, auch Jugendliche, ihr Handeln. Das Gewissen als eine Instanz, die uns als Wegweiser durch das Leben führt – mit diesem Bild habe ich vor 15 Jahren noch gerne gearbeitet. Es wird heute immer schwieriger, den Menschen Maßstäbe an die Hand zu geben zur Unterscheidung von gut und böse, richtig und falsch. Für mich bieten die Zehn Gebote der Bibel noch immer die wesentlichen Hilfen für ein gelingendes Leben in Gemeinschaft und mit Gott. Die Betonung liegt dabei auf Hilfen. Sie stellen ein ethisches und moralisches Grundgesetz dar, an dem wir unser Leben orientieren können. Das Arbeitsblatt enthält eine Kurzfassung der Zehn Gebote. Dem gegenüber stehen Grundsätze, die den einzelnen Menschen und seinen persönlichen Vorteil in den Vordergrund stellen. Sie können von den Schülerinnen und Schülern noch ergänzt werden. Zusätzliche Aufgabe: Die einzelnen Gebote auf unsere Zeit und Gegebenheiten neu zu formulieren oder ins Gegenteil umzuschreiben. Statt „du sollst" könnte auch „du brauchst" stehen. Interessant wäre auch die Erarbeitung der Grundsätze, die für mein Leben von Bedeutung sind und die mein Denken, Reden und Handeln leiten.

**A63** - „Die Welt ist voller Schwätzer", bemerkte ein Schüler, nachdem wir kritisch einige Talkshows analysiert hatten. Unter dem Vorwand lebenswichtige Themen zu besprechen und Lebenshilfe zu leisten, tummeln sich täglich bis zu 15 Talkshows in den Fernsehprogrammen. Mit Themen wie „Mein Partner geht fremd - na und?", „Telefonsex", „Heute müssen wir uns aussprechen", „Du bist mir zu dick" oder „Heute sage ich dir die Meinung" konkurrieren Bärbel Schäfer, Fliege, Arabella & Co um Einschaltquoten. Denn nur darum geht es. Die vorgestellten Geschichten aus dem wirklichen Leben werden in sensationslüsterner Manier ausgeschlachtet, die Talkgäste werden oft aufgestachelt und aufeinander gehetzt, um sich unter der Anfeuerung und dem Gelächter des Publikums zu zerfleischen. Eine Intimsphäre gibt es nicht mehr. Was eigentlich in den eigenen vier Wänden zur Sprache kommen sollte, wird vor einem Millionenpublikum ausgebreitet. Voyeuristisch erfreut sich das Fernsehpublikum an der Zurschaustellung menschlicher Probleme. Wirkliche Kommunikation und praktische Lebenshilfe geschieht selten bis nie. Auch hier haben wir als Pädagoginnen und Pädagogen eine wichtige Aufgabe. Medienkompetenz sollte auch ein Bestandteil unseres Unterrichts sein. Viele unserer Schülerinnen und Schüler lassen sich am Nachmittag betalken. In einer Unterrichtseinheit können einzelne Talkshows kritisch analysiert werden (Thema, Talkgäste, Moderator, Publikum). Die Klasse kann eine Talkshow besuchen, sich mit der Redaktion und dem Moderator unterhalten. (Die Sender bieten dies mittlerweile sogar als Schulprojekte an!!!). Als krönender Abschluss können die Schülerinnen und Schüler selbst eine Talkshow inszenieren. Das Arbeitsblatt bietet eine einführende Hilfestellung.

**A64 / A65** - Was ist damit gemeint: wilder Frieden? Vordergründig wird das friedliche Zusammenleben propagiert. Doch wenn wir genauer hinsehen in die Familien, die Schulen, die Straßen und die Betriebe, dann wird sichtbar, dass das Belastende für die Menschen oft die kleinen Kriege im alltäglichen Zusammenleben sind. Häufig reißen diese gewalttätigen Aktionen keine blutigen Wunden am Körper, sondern seelische, die nur schwer oder gar nicht verheilen. Wie und wo erleben junge Menschen heute diese Kriegsführung und wie gehen sie damit um, mit dem „wilden Frieden"? Die Frage muss erlaubt sein: Weichen wir in der Erziehung und Ausbildung nicht allzu oft den unangenehmen und belastenden Situationen des Alltags aus? Nur über die Folgen zu diskutieren ist zu wenig. Die Arbeitsblätter wollen zum Nachdenken und Diskutieren anregen. Die vorgegebenen Vokabeln können in der rechten Spalte erläutert und beschrieben werden. Noch deutlicher werden die Gefühle, die damit verbunden sind, wenn die Schülerinnen und Schüler die Begriffe szenisch darstellen und in bestimmte Lebenssituationen einbetten.

**A66** - Jeder Mensch hat seine eigenen Liebesgeschichten, von denen er erzählen kann. Sie prägen sein Leben und seine Einstellung zu den Menschen. Eine enttäuschte Liebe kann das Misstrauen in die Menschen fördern. Empfangene Liebe befreit und macht offen. Wir gehen jämmerlich zugrunde ohne die Liebe – und das gilt für alle Phasen unseres Lebens. Auf dem Arbeitsblatt werden Texte zum Thema „Liebe" zitiert, u.a. zwei Texte aus der Bibel (1. Kor. 13 / Hohelied 4). Vielleicht kann es eine Anregung sein, sich auf die Suche nach Lovestorys und Lovesongs in der Bibel zu machen.

**A67 -** Das Arbeitsblatt will dazu anregen, die Liebe in ihren unterschiedlichen Formen zu erklären und von den eigenen Liebesgeschichten zu erzählen und denen anderer Menschen zu erfahren.

**A68 -** s. A19

**A69 -** Was brauche ich, um in der Zukunft glücklich und zufrieden werden zu können? Was muss ich mitnehmen und im Rucksack meines Lebens einpakken, damit meine Träume und Wünsche erfüllt werden und ich überleben kann? Das Arbeitsblatt will die Schülerinnen und Schüler ermutigen, sich über ihre Zukunft Gedanken zu machen, denn nicht nur das Hier und Jetzt zählt.

**A70 -** In jeder Klasse finden sich Instrumentalisten. Deren Hausaufgabe könnte es sein, das vorliegende Lied einzuüben, um es dann mit der Klasse zu singen. Es ist ein Lied zum Träumen und Nachdenken. Vielleicht ergibt sich auch ganz neuer Text oder der vorliegende wird in eine Rap-Version umgewandelt. Experimentieren ist erlaubt!.

**A71 -** GO FUTURE ist eine Projektidee, die von einer Klasse auf die ganze Schule ausgeweitet werden kann. Sie könnte am Ende einer Unterrichtseinheit stehen, in der sich die Schülerinnen und Schüler fachlich mit dem Thema auseinandergesetzt haben. Bei der Vorbereitung, Durchführung und Auswertung des Projektes ist Teamarbeit gefragt, wobei vor allem die soziale Kompetenz gefördert wird. Jeder hat eine Aufgabe, für die er/sie verantwortlich ist: Wen sprechen wir wie an? Erstellen eines Arbeitsplans, Sponsoren ansprechen, Plakate und Handzettel erstellen und verteilen, Projektleitung. Wie und wo findet die Präsentation statt? Artikel für Schülerzeitung und örtliche Presse, ...

**A72 -** Nach einer Einschätzung ihrer persönlichen Zukunftsaussichten befragt, entschieden sich 51 Prozent der Jugendlichen für die Antwortvorgabe „gemischt, mal so - mal so", 14 Prozent sehen ihre persönliche Zukunft „eher düster". Nur noch rund ein Drittel der Jugendlichen blickt „eher zuversichtlich" in die Zukunft. In der Jugendstudie 1992 hatte noch die Mehrheit aller Befragten (59 Prozent) Optimismus gezeigt. Vor Eintritt in das Fragebogeninterview wurden die Jugendlichen gefragt: „Welches sind denn nach deiner Meinung die Hauptprobleme der Jugendlichen heute? 20,9% aller Befragten antworteten: Zukunftsangst. Dabei wird das Problem Zukunftsangst wesentlich häufiger von Jugendlichen in den Neuen Bundesländern (27,7%) als von den Altersgenossen in den Alten Bundesländern (19,3%) genannt. Quelle: Jugend '97: Zukunftsperspektiven, Gesellschaftliches Engagement, politische Orientierungen, Jugendwerk der Deutschen Shell, Opladen 1997 Was denken junge Menschen, wenn sie in die Zukunft blicken? Ist da eher die Angst vorherrschend oder sind sie optimistisch und zuversichtlich? Stimmt die Einschätzung der Shell-Jugendstudie heute noch? Vielleicht bringt eine Umfrage in der Schule ganz andere Ergebnisse. Die Shell-Jugendstudie 2000 sollte für alle, die mit Jugendlichen arbeiten, eine verpflichtende Lektüre sein. Viele Teile der Studie lassen sich auch im Unterricht einsetzen. Literaturhinweis: Jugend 2000. 13. Shell Jugendstudie. Leske + Budrich, Obladen 2000 (2 Bände)

**A73 -** In einem Zukunftsprojekt sollen die Schülerinnen und Schüler sich mit unterschiedlichen Methoden mit dem Thema auseinandersetzen. Auch hier sind wieder Phantasie und Kreativität gefragt. Es ist sinnvoll, zunächst die möglichen Methoden zu sammeln und deren mögliche Realisierung einzuschätzen. Die Gruppeneinteilung nach den Methoden ist effektiver als Sympathiegruppen zu bilden.

**A74 -** Die Ablösung vom Elternhaus ist ein schwieriger Prozess, der von beiden Seiten blockiert werden kann. Die Kinder wollen unbedingt weg, doch die Eltern halten fest. Oder die Nesthocker machen es sich bequem im „Hotel Mama", in dem die Versorgung rund um die Uhr garantiert wird, und wollen sich nicht ablösen. Es sind nicht nur die liebenswürdigen Schmarotzer-Sprösslinge, die nur an sich denken. Denn neben den äußeren Gründen spielen auch Emotionen eine Rolle, wenn junge Menschen möglichst lange zu Hause bleiben wollen. In der Familie finden sie Geborgenheit und Wärme - und wenn sie wollen auch Gesprächspartner. Es geht um Loslassen, Trennung, Neubeginn und Veränderung. Mit Hilfe des Arbeitsblattes sollen Argumente gesammelt und diskutiert werden

**A75 / A76 -** In den Unterrichtsstunden zum Thema „Angst" erlebte ich in den letzten Jahren immer wieder die große Betroffenheit und Gesprächsbereitschaft der Schülerinnen und Schüler. Auch junge Menschen kennen dieses Gefühl, das sie aus der Bahn werfen kann. Dabei stehen häufig die Ängste im existentiellen Bereich im Vordergrund (z.B. Lebensangst und die Angst verlassen zu werden). Die beiden Arbeitsblätter bieten Möglichkeiten, zunächst einmal den Begriff zu klären und sich fachliche Informationen anzueignen, um diese dann mit den persönlichen Erfahrungen zu verbinden. Dabei ist es gerade im Rahmen des Religionsunterrichts von Bedeutung, die Jugendlichen mit ihren Angsterfahrungen zu Wort kommen zu lassen. Belehren und Dozieren ist hier fehl am Platz, bietet das Thema doch die Chance, Religionsunterricht als Lebenshilfe zu nutzen.

**A77 -** Den Abschiedsbrief schrieb eine Schülerin, die sich in einer verzweifelten Situation befand. Sicherlich werden sich einige Schülerinnen und Schüler schon einmal in ähnlichen Situationen befunden haben. Das Gespräch dazu verlangt viel gegenseitiges Einfühlungsvermögen. Viele Lehrerinnen und Lehrer fühlen sich hierbei überfordert. Dies ging mir ebenfalls so. Um mit bestimmten Situationen besser umgehen zu können, habe ich eine Ausbildung zum Ehe-, Familien- und Lebensberater absolviert und einige Jahre in einer Beratungsstelle gearbeitet. Mich nervte nach vielen Anfragen durch Schülerinnen und Schüler in Krisensituationen, dass ich mich überfordert fühlte. Ich konnte nicht angemessen und kompetent reagieren. Ich wollte mich nicht mit Bemerkungen abfinden, dass ich doch nicht als Sozialarbeiter oder Therapeut, sondern als Lehrer eingestellt sei. Ich kann nun viel professioneller damit umgehen, wenn ich erfahre oder erlebe, dass Jugendliche (und Kolleginnen und Kollegen) in eine ausweglose Situation geraten sind. Ich ermuntere Sie, sich in Fort- und Weiterbildungen solche Kompetenzen anzueignen, die wir in Zukunft sicher immer häufiger benötigen werden. Bei Fortbildungseinrichtungen und schulpsychologischen Beratungsstellen erhalten Sie Informationen dazu.

**A78 -** Auch junge Menschen brauchen ab und zu einen Erwachsenen, der ihnen zuhört, dem sie sich anvertrauen können und der Zeit für sie hat. In vielen Familien bleibt in der Hektik des Alltags keine Zeit zum Gespräch. Interessant finde ich in diesem Zusammenhang, wenn ich mit Jugendlichen über die Frage spreche, wann und wo in der Familie miteinander gesprochen wird. Dabei ist zu beobachten, dass das traditionelle gemeinsame Essen immer mehr abgelöst wird durch eine Fast-Food-Mentalität. Und mit einem Kühlschrank kann man sich halt schlecht unterhalten. Auf dem Arbeitsblatt wird eine solche Geschichte aus dem Alltag einer Familie vorgestellt. Die Schülerinnen und Schüler sollen sie zu Ende schreiben und sich dann die Ergebnisse gegenseitig vorlesen und darüber sprechen. Sicher berichtet dann auch der ein oder andere etwas über das eigene Familienleben.

**A79 -** Beziehungskiste - so lautet das neudeutsche Wort für Partnerschaft oder Freundschaft. Mit Hilfe des Arbeitsblattes können die Jugendlichen für sich klären, was wichtig ist für eine Partnerschaft. Fünf Eigenschaften kann jeder auswählen. Das Ganze wird dann zu einer Hitparade ausgestaltet, um herauszufinden, auf was junge Menschen Wert legen. Anschließend kann darüber gesprochen werden. Interessant ist auch die Frage, ob es zwischen Jungen und Mädchen einen Unterschied in den Erwartungen gibt. Einen guten Einstieg in das Thema bietet aber auch die ABC-Liste. (A1) Jeder schreibt in die Liste, was ihm zum Thema Partnerschaft einfällt. Danach werden die einzelnen Begriffe besprochen und es wird festgelegt, um was es in der Unterrichtseinheit schwerpunktmäßig gehen kann.

**A80 -** Es ist nicht einfach, den Begriff Sexualität genau zu umschreiben. Sexualität meint das Mann- oder Frausein, die Geschlechtlichkeit des Menschen in einem umfassenden Sinn. Sie ist eine Grunddimension, die mehr meint als nur Geschlechtsverkehr. Sexualität betrifft unsere Körperlichkeit und prägt unsere Identität. Sie ist Verlangen, Sehnsucht, Trieb, Zärtlichkeit und Lust. Und sie hat mit Beziehung zu tun. Sie ist Teil unserer schöpferischen Lebenskraft und vermittelt Vertrauen, Wärme und Geborgenheit. Auch junge Menschen erleben das sehr intensiv. Um mit Sexualität verantwortlich umgehen zu können, brauchen sie Orientierungshilfen, die sie bei Freundinnen/Freunden, bei ihren Eltern und in der Schule finden können. In unserer nur scheinbar aufgeklärten Zeit ist das Thema Sexualität immer noch ein problemgeladener Bereich. Aufklärung hat nicht nur etwas mit Geschlechtsorganen und Verhütungsmitteln zu tun, sondern auch mit verantwortungsvollem Umgang mit der eigenen Sexualität, mit der Partnerin bzw. dem Partner. In den USA gibt es Vereine, die teilweise sehr radikal das Motto „Jungfrau bis zur Ehe" verteidigen. Andere sagen „Ich will nicht die Katze im Sack kaufen." Was halten die Schülerinnen und Schüler davon? Sexuelles Verhalten wird wesentlich von unseren religiösen Vorstellungen und moralischen Maßstäben beeinflusst. Ich erlebe oft, dass die Moralvorstellungen der Kirche sehr kritisch angefragt werden und versuche deutlich zu machen, dass die Kirche etwas sehr Wertvolles schützen und nicht der Beliebigkeit überlassen will. Denn vom christlichen Menschenbild her ist die Geschlechtlichkeit Gabe und Aufgabe zugleich. Sie wird jedoch erst dann wertvoll und menschenwürdig, wenn sie nicht nur der Lust- und Bedürfnisbefriedigung dient, sondern wenn Sexualität und Liebe aufeinander bezogen sind. Der RU kann helfen, Jugendliche dafür sensibel zu machen. Die vorgeschlagene Methode „Let´s talk about sex" soll eine Hilfe sein, um in das Thema einzusteigen. Denn auch Jugendliche haben Hemmungen, über Sexualität zu sprechen. Sie sollen in Kleingruppen versuchen, die einzelnen Begriffe zu ordnen. Was ist wichtig und was ist weniger wichtig? Anschließend werden die Ergebnisse im Klassengespräch vorgestellt.

**A81** - Das Arbeitsblatt bietet einen Einblick in die Welt der Daily Soaps. Sie werden als Lehrkraft sehr schnell merken: Hier sind die Schülerinnen und Schüler die Experten. Sie werden die Angaben auf dem Arbeitsblatt durch eigenes Wissen ergänzen und es entwickelt sich ein Austausch über die Soaps im Allgemeinen und die Lieblings-Soap im Besonderen.

**A82** - Um die Bedeutsamkeit der Daily Soaps für die jungen Menschen zu ergründen, ist eine Umfrage die ideale Methode. Je mehr Personen befragt werden, umso interessanter und auch repräsentativer wird das Ergebnis. Zur Vorbereitung einer Umfrage ist es wichtig, die Schülerinnen und Schüler in die Methode einzuführen. Dabei ergeben sich viele Aufgaben, die verteilt werden müssen. Mehrere Gruppen gehen von Klasse zu Klasse (Bitte die Kolleginnen und Kollegen vorher informieren!!!), um die Befragung durchzuführen. Eine weitere Gruppe übernimmt die Auswertung, wobei die Ergebnisse in einem Diagramm übersichtlich dargestellt werden können. Sie können in der Schülerzeitung veröffentlicht und in der Pausenhalle präsentiert werden und Grundlage für die weitere Beschäftigung mit Daily Soaps im Unterricht sein.

**A83** - Der Einfluss der Medien auf das Erleben und Verhalten der Menschen ist nicht wegzudiskutieren. Immer mehr Menschen verwechseln die Wirklichkeit mit einer virtuellen Welt. Der Bildschirm wird zu einem Präsentationsforum der Gefühle und Verhaltensweisen. Ohne es zu merken, verwenden Menschen Redewendungen und bestimmte schauspielerische Haltungen für ihre eigene Darstellung im täglichen Leben. Lassen sich die Handlungen und Themen aus dieser Kunstwelt so einfach auf das wirkliche Leben übertragen? Sind die Probleme, die hier angesprochen werden auch die der Zuschauer? Sind es wichtige Themen oder werden sie von den Soaps einfach dazu gemacht? Das Arbeitsblatt will die Schülerinnen und Schüler zu der Auseinandersetzung mit den Themen der Daily Soaps auffordern, um diese dann mit den wirklich wichtigen und spannenden Lebensthemen eines Jugendlichen von heute zu konfrontieren. Die einzelnen Themenbereiche können schrittweise auf ihre Wichtigkeit bzw. Unwichtigkeit abgeklopft werden. Wichtiger Nebeneffekt für den Lehrer: Hier erfahren Sie etwas über die Themen, die junge Menschen heute bewegen und Sie dürfen gerne Ihren Religionsunterricht dahingehend überprüfen, ob es dort auch um für Jugendliche wichtige Themen geht oder ob Sie ganz daneben liegen.

**A84** - Viele Kolleginnen und Kollegen fühlen sich bei methodischen Experimenten mit neuen Medien überfordert und setzen sie auch nicht im Unterricht ein. Haben Sie keine Berührungsängste. Sie dürfen sich auf Ihre Schülerinnen und Schüler verlassen. Definieren Sie Ihre Rolle einfach anders: Sie sind nicht der Lehrende, sondern der Lernende, der sich neugierig und wissensdurstig auf die ungewohnte methodische Aktion einlässt. Sie werden erstaunt sein, über wie viel Methodenkompetenz Ihre Schülerinnen und Schüler verfügen und was Sie von Ihnen alles lernen können. Nicht alle Jugendlichen sind hilflos den medialen Botschaften ausgeliefert. Sie verfügen häufig über die Fähigkeit, sie zu interpretieren und mit ihnen zu arbeiten. Falls Sie sich dennoch total überfordert fühlen, stehen Ihnen die regionalen Flmdienste gerne mit Rat und Tat zur Seite.

Weitere Hinweise zum Thema „Daily Soaps" finden Sie im: Materialbrief RU 3/2001. Bausteine für den Religionsunterricht. Beiheft zu den Katechetischen Blättern. Hrsg.: Deutscher Katecheten-Verein, München

**A85 / A86 / A87** Das Planspiel ist eine Methode, bei der eine definierte Rolle in einer vorgegebenen Situation übernommen und gespielt wird, um eine Lösung eines Problemes oder Konfliktes zu erarbeiten. Es handelt sich um ein Lernen durch planvolles Handeln, bei dem die selbstbestimmte und selbsttätige Auseinandersetzung mit Problemsituationen im Vordergrund steht. Die Teilnehmer können mit verschiedenen Handlungsmustern und Verhaltensweisen experimentieren, ihr eigenes Verhalten reflektieren und verstehen lernen und vor allem Problemlösungskonzepte entwickeln. Wird das Planspiel im Rahmen des Unterrichts eingesetzt, sollten mindestens 4 Unterrichtsstunden zur Verfügung stehen. Der Lehrer übernimmt die Rolle der Spielleitung, nimmt jedoch nicht am eigentlichen Planspiel teil. Er hat vor allem eine beratende, informierende und organisierende Funktion. Er ist der Moderator, der in die Spielregeln einführt, die Gruppen organisiert, mit Informationen und Materialien versorgt und den Spielverlauf dokumentiert. Er sollte kreativ und flexibel sein und sich auf das erlebnisorientierte Lernen einlassen. In diesem Planspiel geht es um reale Grundängste, von denen besonders junge Menschen betroffen sind. Dabei richtet sich ihre Angst vor allem auf die ungewisse und bedrohte individuelle Zukunft. Viele Jugendliche haben Angst, dass sie keine Arbeit finden und dadurch sozial isoliert werden. Und dann kann sich diese Hoffnungslosigkeit durch Weltuntergangsbilder verstärken: Es hat ja doch keinen Zweck, denn die Welt geht ihrem Untergang entgegen. Auch die alltäglichen großen und kleinen Katastrophen können diese Sichtweise verstärken. Hier setzt unser Planspiel an. Es geht um die Fragen: Welche Hoffnungen und Ängste verbinden Jugendliche heute mit der Vorstellung eines nahenden Weltendes? Wie fühlen sich junge Menschen, wenn sie an die Zukunft denken? Welche Träume und Wünsche und welche Sorgen und Ängste haben sie? Was stärkt sie und was lässt sie verzweifeln? Was und wer gibt Orientierung und Mut? Wie gehen die jugendlichen Sinnsucher mit dem vielfältigen Angebot auf dem Markt der Möglichkeiten um? Es ist ein existenzielles Thema, das mit Hilfe des Planspieles aufgearbeitet werden soll. Und: es geht letztlich um die Verantwortung, die wir dafür tragen, ob Leben und Glück auch in Zukunft möglich sind. Es wäre schön, wenn am Ende des Spieles die Erkenntnis stehen würde: Wir brauchen Botschafter einer Hoffnung, die die Sehnsucht nach einem gelingenden Leben und einer guten Zukunft - auch über den Tod hinaus - stärken. Vielleicht gerät dabei auch das Christentum wieder in den Blick als eine „Mut-mach-Religion".

Diese Anregung ist entnommen aus: Arthur Thömmes, Der letzte Tag - ein Planspiel. In: RU-Ökumenische Zeitschrift für den Religionsunterricht 3/2001, S. 104-106

**A88 - Zu unseren Aufgaben als Lehrer gehört auch das Beurteilen von Schülerinnen und Schülern. Doch wer beurteilt uns und unseren Unterricht (es sei denn, es steht eine Beförderung an)!? Am besten können das die Schülerinnen und Schüler, die unseren Unterricht erleben. So sollten wir den Mut aufbringen, uns von den jungen Menschen ab und zu ein kritisches Wort sagen zu lassen. Denn schnell überrollt uns die Routine des Alltags und wir werden betriebsblind. Wir alle können nur lernen - zu unserem eigenen Wohlbefinden und dem der Schülerinnen und Schüler.**

# Stichwortverzeichnis



# Internet-Tipps:

http://www.rpi-virtuell.net
http://www.reliweb.de
http://www.reliquiz.de
http://www.zum.de
http://www.bildungsserver.de
http://www.katholisch.de/
http://www.bibleserver.com
http://www.biblionaer.de/
http://www.religionsunterricht.de
http://lehrerbibliothek.de
http://www.kath.ch/glaubenvonabisz.htm
http://www.rpi-loccum.de
http://www.relinet.de
http://www.relilex.de
http://www.katecheten-verein.de
http://www.fundgrube-religionsunterricht.de
http://de.wikipedia.org/wiki/Kategorie:Religion
http://www.learn-line.nrw.de/angebote/methodensammlung

# Weitere Publikationen von Arthur Thömmes

Arthur Thömmes

## Das Mutmach-Buch für Lehrerinnen und Lehrer

Ein Begleiter im Schulalltag

Auer Verlag 2006, 126 S.,
ISBN 3-403-04527-7
€ 12,80 Euro
Best.-Nr. 6210

Wie erhalte ich die Freude an meinem Beruf? Was ist eigentlich ein guter Lehrer? Bin ich eine Lehrerpersönlichkeit?

Auf diese und andere Fragen gibt der Autor Antwort, ohne dabei den pädagogischen Zeigefinger zu heben. Dabei widmet er sich dem Menschen hinter der Lehrperson, seiner Beziehung zur Institution Schule, seinen Schülern sowie seinem Kollegium.

Humorvolle, unkonventionelle Texte - gespickt mit vielen Cartoons - wechseln sich mit informativen Inhalten und hilfreichen Fragebögen ab. Eine Zusammenstellung, die zum Schmökern einlädt.

Ein Highlight dieses Buches bildet das Spiel „Lehrer, ärgere dich nicht!", das in einer Freistunde oder während einer Fortbildung oder Konferenz gespielt werden kann. Frage-, Aktions- oder Anekdotenkarten liefern hinreichend Gesprächsstoff für Diskussionen über den Berufsalltag und führen dazu, Erfahrungen zu vergleichen und neue Perspektiven zu erkennen.

Mit diesem einzigartigen Buch erhalten Pädagogen Hilfe, die ihnen zu mehr Gelassenheit verhilft.

Arthur Thömmes

## Fußspuren

Ein Selbsterfahrungsspiel für Jugendliche

Lahn Verlag 2001, 90 S., Pb,
ISBN: 3-7840-3241-9
€ 12,90
Best.-Nr. 2211

Das langjährig erprobte Selbsterfahrungs- und Kommunikationsspiel für Unterricht, Jugendarbeit und Katechese liegt jetzt in einer erweiterten Fassung vor. 24 Fußspuren aus unterschiedlichen Lebens- und Erfahrungsbereichen (u. a. Freizeit, Freundschaft, Ich, Religion, Partnerschaft, Sinnfrage, Werte, Gefühle) regen Jugendliche ab 14 an, über sich und ihr Leben ins Gespräch zu kommen. Alle Materialien sind kopierfähig, neue Fußspuren- und Fragekarten können selbst hinzugefügt werden, so dass das Spiel aktuell bleibt.

Niehl/Thömmes

## 212 Methoden für den Religionsunterricht

Kösel-Verlag München,
7. Aufl. 2005, 262 Seiten,
€ 17,95, Best-Nr. 8405

Das überzeugende Praxisbuch für den Religionsunterricht aller Konfessionen, in allen Schularten und Altersstufen.

Arthur Thömmes

## LebensWert

94 Arbeitsblätter für den Religionsunterricht

DKV 2005,
128 Seiten, DIN A4,
€ 16,80*
Best.-Nr. 73578

Die Lebenswelt der Jugendlichen, ihre Fragen und Erfahrungen, ihre Werte und Ideale stehen im Mittelpunkt der 94 Arbeitsblätter für den Religionsunterricht in der Sekundarstufe I (ab 7. Klasse).
Lebenswerte wie Liebe, Glück, Friede, Beziehungen, Respekt, „Sein und Haben", aber auch Bergpredigt, Theodizeefrage, die „Kardinaltugenden" und die „Todsünden unserer Zeit" werden auf aktuelle, einfallsreiche Weise aufgegriffen und für junge Menschen ins Spiel gebracht.
Die vielseitig einsetzbaren Arbeitsblätter (Kopiervorlagen) regen an zu kreativer Einzel- oder Gruppenarbeit, Rollenspielen und Projekten. Hinzu kommen methodisch-didaktische Hinweise zu den Arbeitsblättern.

Arthur Thömmes

## Produktive Unterrichtseinstiege

Ein Begleiter im Schulalltag

Verlag an der Ruhr 2005,
134 S., 16 x 23 cm, Pb.,
ISBN: 3-8346-0022-9
€ 12,80
Best.-Nr. 5403

Einstiege sind das „Herzstück" des Unterrichts, weil sie den weiteren Verlauf der Stunde beeinflussen. Mit dieser Sammlung von Stundeneinstiegen erleichtern Sie Ihren Schülern das „Ankommen" und „Loslegen". 100 Methoden motivieren, leiten zu einzelnen Themen hin und festigen bereits Gelerntes. Sie fördern z.B. die Konzentration der Schüler, greifen ihre Stimmungen auf, erfassen ihre Einstellungen und ihr Vorwissen zu verschiedenen Themen. Die übersichtliche Gliederung der Methoden mit Angaben zu Dauer, Ziel, Materialeinsatz und Variationsmöglichkeiten ermöglicht eine schnelle Auswahl. Zusätzliche Arbeitsblätter vereinfachen die Vorbereitung.

# Für Ihren erfolgreichen Religionsunterricht!

## Materialbrief Religionsunterricht

Herausgegeben vom DKV

**Kompetent und kompakt viermal im Jahr!**

Jahresabonnement,
4 Hefte jährl., je 16 S., € 6,80
zzgl. Versand,
einzeln € 2,– , Best.-Nr. 52000

Im Materialbrief RU finden sich zu einem jeweils aktuellen Thema vielfältige Bausteine für die konkrete Arbeit im RU der Sek. I.

- Arbeitsblätter, Impulstexte und kopierfähige Grafiken;
- alternative Methoden für einen kreativen Unterricht;
- Literaturhinweise und Informationen zum jeweiligen Thema.

**Aktuelle Themenhefte**

1/2005: Der Philemonbrief
2/2005: Dietrich Bonhoeffer (leider vergriffen)
3/2005: Gestaltpädagogische Elemente im RU
4/2005: Geistliche Lieder als Spiegel der Zeit
1/2006: Franz von Assisi

Günter Siener

## glauben lernen

Wie geht das im Religionsunterricht? Ideen und Beispiele für die Praxis

DKV 2006, 96 Seiten,
€ 12,80* , Best.-Nr. 73594

Ist es angebracht, in der öffentlichen Schule die Kinder und Jugendlichen zum Vollzug des christlichen Glaubens einzuladen und darin einzuüben? Wie kann das geschehen ohne die SchülerInnen, die mit wenig Glaubenspraxis in den Religionsunterricht kommen, zu überfordern?

Die neue Arbeitshilfe hilft, konkrete Antworten auf diese Fragen zu finden, indem sie theologische und didaktische Überlegungen und vor allem ausführliche Unterrichtselemente vorlegt, differenziert nach Altersstufen von der Primar- bis zur Sekundarstufe. Die Entwürfe und Materialien sind mehrfach erprobt.

* für DKV-Mitglieder 10% Rabatt

## Folien für Schule und Gemeinde

Eine inzwischen vielgefragte und praxisbewährte Fundgrube mit interessanten und beeindruckenden Bildern zu aktuellen Themen im Religionsunterricht, in der Bildungsarbeit und im Gottesdienst.

Abonnement (drei Themenhefte jährlich mit je sechs Folien): € 18,00*,
Einzelpreis: € 6,90* jeweils zzgl. Versandkosten,
Best.-Nr. 53500

**Themenvorschau**
2/06 Du sollst nicht stehlen
3/06 trauern und trösten

Zu jedem Thema werden 6 DIN-A5-Folien (Malerei, Realfotos, Meditationsbilder, Karikaturen u.a.) zusammen gestellt.

Jede Folie mit einem Begleittext, Bildbeschreibung und -interpretation, methodischen Anregungen zum Gespräch und evtl. Hinweisen auf ergänzende Literatur.

* für DKV-Mitglieder 10% Rabatt

**Jedes Schuljahr neu und aktuell!**

## Religionslehrer-kalender

ca. 256 Seiten, DIN A6
(Postkartenformat)
ca. € 5,50*, Best-Nr. 99040

Jedes Jahr im Mai ist der aktuelle Religionslehrerkalender lieferbar, der eine echte Alternative zu den herkömmlichen Lehrerkalendern darstellt.

Natürlich enthält er alles Notwendige (Notenlisten, Stundenplänen etc.) und Nützliche (Ferientermine, Feier- und Namenstage etc.). Er bietet außerdem interessante Impulse, Informationen und Adressen aus den Bereichen Kirche, Schule und Religionsunterricht.

Viele der abgedruckten Texte, Gebete und Bilder sind im RU direkt einsetzbar und tragen dazu bei, diesen lebendiger und aktueller zu gestalten.

Sichern Sie sich schon jetzt Ihr Exemplar!

* für DKV-Mitglieder 10% Rabatt

**Deutscher Katecheten-Verein e.V.**
**Buchdienst**
Preysingstraße 97
81667 München
buchdienst@katecheten-verein.de

**Bestellungen**
☎ 089/48092-1243
Fax 089/48092-1237